震災と向き合う子どもたち

心のケアと地域づくりの記録

徳水博志

新日本出版社

震災と向き合う子どもたち　＊　目次

まえがき

わたしはわすれない

五年　七海《ななみ》

わたしはわすれない
地鳴りがして
おびえ　からだがふるえて
しゃがみこんだことを

わたしはわすれない
ガソリンスタンドのおじさんが
走ってきて

助けてくれたことを

わたしはわすれない
豆腐屋のおじちゃんが
みんなを避難させて
自分だけは津波に流されたことを

わたしはわすれない
豆腐屋のおじちゃんが
ふいていたラッパの音を

わたしはわすれない
誕生日にお母さんにもらった
大切なネックレスを

流されたことを

わたしはわすれない
家族　友達　わたしが
写っていた思い出の写真を
流されたことを

わたしはわすれない
自衛隊の車に乗って
こわれた北上川の横を走り
雄勝《おがつ》から出てきたことを

私はわすれない
避難所でいただいた

スープのあったかさと
おにぎりの味を

わたしはわすれない
飯野川中の避難所で遊んでくれた
お姉さんたちの
笑顔とあたたかさを

わたしはわすれない
こわされた家を
流された命を
助けられた恩を
人のあたたかさを

わたしはわすれない
大震災の記憶の
すべてを

（記　二〇一二年九月一〇日）

この詩「わたしはわすれない」は、東日本大震災の津波を体験した一〇歳の少女が書いた詩です。震災の記憶を後世まで語り継いでいく、強い決意を表しています。

震災と向き合って、震災から七年目が過ぎようとしている今日、一〇歳の少女の詩は、復興はこれでよかったのか、未来に生きる子どもたちに地域を残せたのかと、あらためて私たちに問いかけてくるような気がします。

震災直後はテレビからコマーシャルが消え、日本全体が喪に服しました。震災を機に日本が生まれ変わるのではないか、と多くの人が期待しました。ところが時間の経過とともにその期待は裏切られ、震災以前にもまして経済至上主義の社会に逆戻りしていきました。その波は学校にも押し寄せてきました。被災校でも「学力向上」が強調され始め、子どもたちは旧秩序の学力競争の世界に連れ戻されていきました。

しかし、学校秩序だけが元に戻っても、被災児はもう元の世界には戻れないのです。泣いても叫んでも、亡くなった親は帰ってはきません。最終的には震災を人生の一部として引き受けて、現実を受け入れるしかありません。そのためには、震災とは何だったのかと問い、納得する意味づけを見つけねばなりません。そのために学校の教師にできることは何なのか。

本書は、被災児が震災と向き合いながら、震災の意味を問うことを目指した教育実践の記録です。さらに著者は、被災校が進める「学力向上」は、被災児に「村を捨てる学力」を育てていると問題提起し、被災地の教育課題を担うにふさわしい教育として、全国初の「復興教育」を立案しました。本書はその「復興教育」による学校づくりの挑戦の記録でもあります。

また著者は、教員を定年退職した後に、地域復興に貢献する会社を妻と設立しました。「創造的復興」に代わる、住民によるボトムアップ型の復興を目指して、現在も石巻市雄勝町において奮闘中です。その住民主体の復興活動から見えた復興の現状と課題を報告するものです。

震災から七年が経過しようとしている現在、雄勝町中心部では誰も住まない場所に九・七メートルの巨大防潮堤が建設されています。「この復興政策は失敗である」(山下祐介氏)という論があります。果たしてそうなのかどうか。石巻市雄勝町の復興の現状報告から、読者の皆さんに考えてほしいと願っています。

第１章　雄勝小学校の復興の歩み

三・一一のあの日

今はもう取り壊されましたが、雄勝《おがつ》小学校の校舎から裏山に続く斜面を登ると、赤いテープが巻きついた杉の木立が見えてきます。津波の到達点を表す印です。頂きまで登り切ると、潮で立ち枯れた杉を伐採したとわかる大きな切り株が、いくつも見えてきます。足元には、ホタテの貝殻や欠けた茶わんが転がり、津波の威力を彷彿《ほうふつ》とさせます。

目を転じて裏山から校庭があった場所を見おろすと、無機質なソーラーパネルが所狭しと立ち並び、有刺鉄線で囲まれた敷地に学校の面影は何も残っていません。道路を挟んで向こう側には、工事半ばの防潮堤のコンクリートブロックが異様にそびえ立ち、うず高く積まれた盛り土の間をせわしく往来するダンプカーの粉塵《ふんじん》がけむる中、カーンカーンと復興工事の杭打ちの音だけが鋭く鳴り響いています。もうかつての雄勝ではないのです。

様変わりした町の寂寥《せきりよう》とした風景を眺めていると、いつも「三・一一」のあの日の出来事が蘇《よみがえ》ってくるのです。あの巨大津波によって、私たちは大切な人と住み慣れた町を、そして明日もきっと続くだろうと疑わなかった平穏な日常を、何の心の準備もなく、あの日突然に奪われたのでした。

雄勝町は硯《すずり》の生産日本一で有名な町です。伝統的工芸品の「雄勝硯」は伊達藩主の伊達政宗にも愛用され、六〇〇年の歴史があります。社会科の教科書に載っているほど全国的に名が知られています。また国の重要無形民俗文化財に指定されている「雄勝法印神楽《ほういんかぐら》」でも有名な町です。町の基幹産業は養殖業です。雄勝湾は山の栄養分を含んだ地下水が海底から豊かに湧き出しており、ホタテの養殖では県内一の生産高を誇っていました。その雄勝町を二〇一一年三月一一日、二〇メートル近い巨大津波が襲ったのでした。

山から私が見た光景は、とんでもない光景でした。もう今までのにぎやかな雄勝の町は黒色の海にのまれていました。私はその光景を見るのが一番つらかったです。山に逃げた私たちは地区の人達と雄勝火そう場に集まって、津波がひくまでひなんしました。（K子）

学校に迎えに来たお母さんと一緒に高台に避難したK子は、故郷の街並みが津波に飲み込まれる様を見て、心にトラウマを抱えてしまいました。津波の記憶が蘇って恐怖に縛られて、震災以来、自分の故郷である雄勝に行けなくなってしまったのです。お母さんの話によると、震災一年目は、震災と向き合うことができずに、作文を書くことができなかったそうです。この作文は、五年生になり、震災から一年半後にようやく書いた作文です。作文を書かせて初めてわかったことですが、震災は子どもの心に深い傷を残していました。

石巻市雄勝町の犠牲者は二四三名（二〇一七年八月現在）です。現在でも七〇名が行方不明

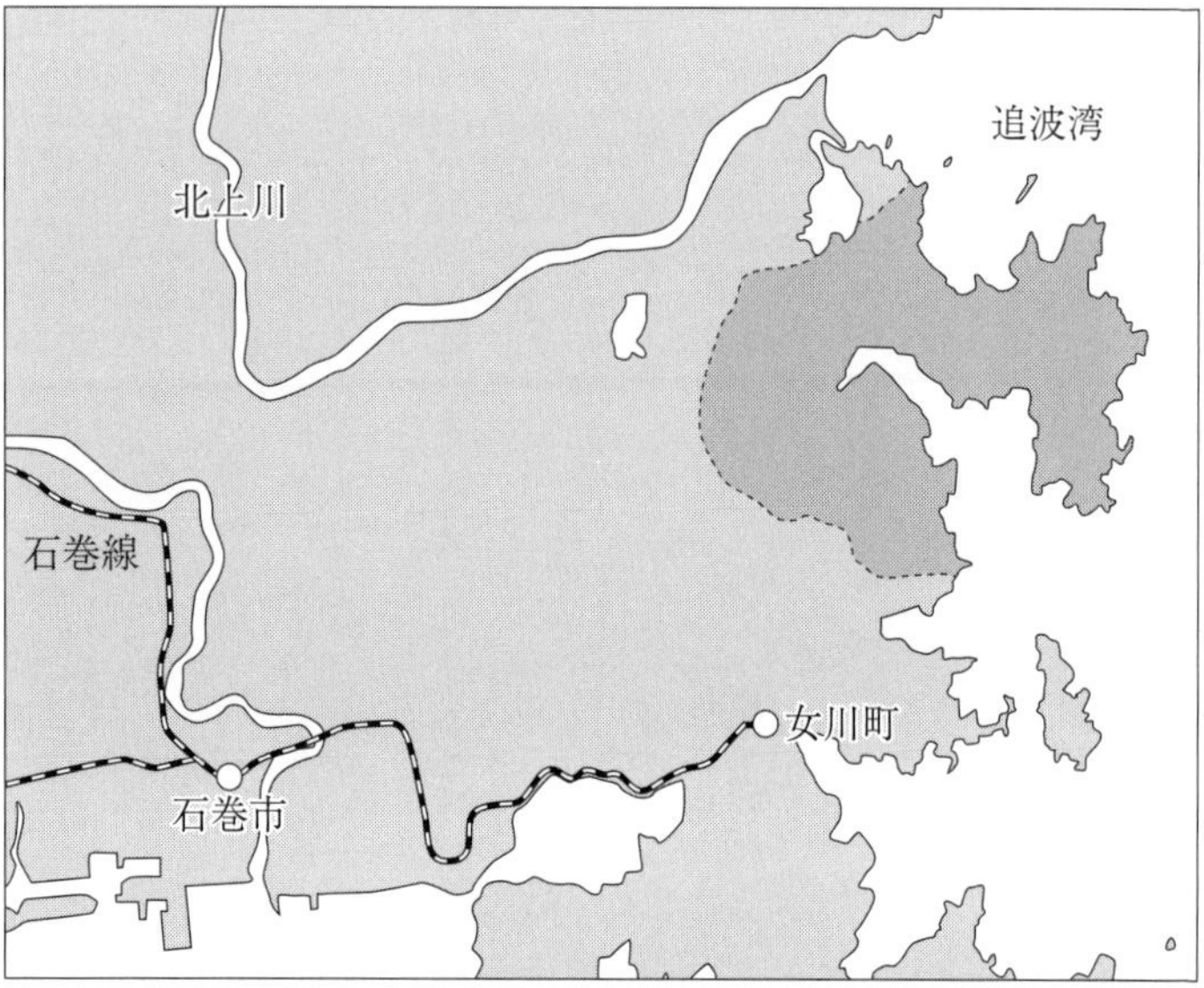

石巻市雄勝町

です。町全体の八〇パーセントの家屋が全壊となりました。とりわけ中心部では九五パーセントの家屋が全壊となり、低平地の公共施設と商店街は一〇〇パーセントが壊滅しました。その結果、二〇一七年四月現在、震災前四三〇〇人の人口が一〇〇〇人に激減しました。実に七五パーセントの人口減少率となり、石巻市と合併した六町の中で最大の人口減少地域となってしまいました。

雄勝小学校は校舎が全壊。保護者引き渡しの後に、裏山に避難した児童数三七名、教職員一六名*。亡くなった児童一名（下校していた二年生）、父親を失くした児童一名、祖父母を失くした児童五名。一〇八名の児童のうち三名を除き自宅が全壊です。教職員では、一六名中、家族を亡くした教職員が二名、自宅全壊三名。私個人は自宅と妻の母親（義母）を失いました。親戚では三人が犠牲となりました。

＊児童と教職員の人数は国立教育政策研究所文教施設研究センターの「報告書」から記載しました。

〝早く山さ逃がして！　お願いだから！〟

午後二時四六分。巨大地震の後、校庭に子どもを第一次避難させ、大津波警報一〇メートルが発令される中、保護者に子どもの引き渡しを行うため校庭に待機させていました。ところがわが子を引き取りに来た佐藤麻紀さんから、「ここにいたら津波にさらわれるから！　頼むから！　早く山さ逃がして！　お願いだから！」という強い呼び掛けをもらって、ようやく山に避難したのです。

学校の避難マニュアルでは神社から裏山へ避難というルートが決まっていましたが、なぜか学校側は避難場所を誤り、体育館へ避難という指示を出していたのでした。裏山に避難し、しばらく経ってから（五分から八分後）、一七メートルの巨大津波に襲われ、体育館や校舎もろとも流されて町は水没してしまいました。その後は地元の山に詳しい消防団員の誘導に従って、雪が降りしきる夜の山を一時間近く歩いた私たちは、無事に雄勝クリーンセンターという清掃工場にたどり着くことができたのでした。

このように雄勝小学校の避難行動は、佐藤麻紀さんの強い呼び掛けのおかげであり、夜の山を誘導して下さった消防団員の方々など、地域の助けがあってこそ子どもを守ることができたのでした。雄勝小学校の避難行動から学ぶべき教訓は、避難マニュアルを教師、児童、保護者（地域）の三者で共有する大切さです。三者で共有していたために、学校側の判断ミスを保護者が修正してくれたのです。さらに裏山から清掃工場までの山越えのルートは、教職員の中で誰ひとり知りません。地域の地理に詳しい消防団員の誘導で避難所にたどり着いたのでした。このように学校と地域の連携の大切さを教訓として学ぶことができます。

佐藤さんの裏山への避難の強い呼び掛けには、実は伏線がありました。前年の夏、ＰＴＡ主催の「親子除草作業」を行った後に、津波を想定して校庭から新山神社へ、新山神社から裏山へ避難する実地訓練を実行していたのです。この発案者がＰＴＡ役員をされていた佐藤麻紀さんであったのです。佐藤さんが雄勝消防署にかけあって、消防署員の参加指導の下、保護者・児童・教職員の三者が、裏山へ避難するルートを実際に体験する訓練を実施していたのでした。がまさか現実になるとは夢にも思いませんでしたが、この夏の実地訓練が役に立ったのです。

なお雄勝小学校に避難を呼び掛けた佐藤さんの証言は、ＮＨＫの証言記録東日本大震災「あの日わたしは」に映像として収められています。また当時小学五年生だった藤本和《のどか》さんの証言も「あの日わたしは」に記録されています。二〇一四年三月、雄勝で実施された「第三回被災地ウォーク」で、藤本和さんは一五歳の語り部として、雄勝小学校の避難行動を子ども側からの視点で語り、学校と地域の連携の大切さを語っています。

保護者との軋轢

津波から学校再開までの約四〇日間は、学校と保護者との間に軋轢《あつれき》が生じました。一つは、学校側からの学校再開の連絡（四月一日）が遅れたことに原因があります。

三月一三日に雄勝町の避難所で、子どもを保護者に引き渡した私たち教職員は、学校長の指示の下、四月一日まで約二〇日間は自宅待機となりました。そして、四月一日に学校長が町外に開設した臨時職員室から、学校再開のチラシを保護者が暮らす避難所に持っていきましたが、「先生方は今頃何しに来た！」と保護者から強い非難を浴びたのでした。保護者は三月一三日から二〇日間、雄勝小学校と連絡が取れないために、新しく住む場所を決められず、大変困っていたというのです。子どもが通学しやすいように、再開される学校の近くに、新しく住む場所を決めたいと考えていたからです。壊滅した雄勝町内での学校再開は不可能でしたので、保護者は町外のどこかになるはずだと考えていたのでした。しかし、学校と連絡が取れないために、すでに仙台市などに引っ越した保護者も出ていたのでした。

四月七日の保護者説明会では、学校長が学校再開に関する説明を行いましたが、保護者から怒号が飛び交う事態となってしまいました。この場で二〇名の児童が転校を告げて、学校を去っていきました。私が担任していた四年生の保護者も四人が転校を告げに来ました。短い時間で子どもと最後の別れをしました。親子の後ろ姿を見送りながら、私の胸は慚愧《ざんき》の念でいっぱいでした。津波で家も仕事場も流され、喪失感と絶望感を抱えた保護者の最後の頼みは、学校だけだったろうに、その思いに寄り添った行動が取れなかったことは、痛恨の極みでありました。同じ雄勝の住民として悔しさがこみあげてきて、仕方がありませんでした。

轍轢の二つ目は、児童が避難所から学校まで通うためのスクールバスの問題でした。再開した学校は、避難所から遠く離れた場所となったために、保護者がスクールバスを要望したのでした。石巻市教育委員会が主催した保護者説明会は、紛糾しましたが、スクールバスは実現しませんでした。そこでＰＴＡ会長が石巻市長に要望書を提出して、直接交渉になりました。私も保護者と共に市長交渉に臨みました。私と同じ地域に住む住民の窮状をこのまま見過ごすことはできなかったからです。

その頃から私は、地域あっての学校であり、地域の学校は子どもを守る最後の砦《とりで》であるべきだ、という強い信念を持つようになりました。そして学校とは本来、親や地域の願いに沿った「地域に根ざした学校」であるべきだ、という学校観に目覚めていきました。こうして私の意識の中では、学校観の大転換が起こっていたのでした（詳細は第2章を参照）。

市長交渉の結果、要求したバス路線の一部が実現しましたが、保護者の送迎が困難になった児童三名が転校していきました。以上のように、保護者と軋轢を抱えての学校再開となりました。

私たち雄勝小学校の負の経験から教訓を述べるとすれば、次のようになります。大災害の下では次々と想定外が起こります。教育行政の指示は途絶え、マニュアルも使えません。自主的判断力で学校を運営せざるをえません。その場合、何を原則に運営するかが問われます。「子どもにとって最善の利益とは何か」という原則で判断すれば、まず間違いはないといえます。

学校再開

四月二一日。雄勝町から一五キロメートル離れた隣町の石巻市立河北《かほく》中学校の空き教室で学校再開となりました。震災前一〇八名の児童は、卒業や転校によって四一人に激減していました。三名を除いて全員が自宅を流されており、避難先からの通学となりました。間借りさせていただいている身、贅沢《ぜいたく》は言えませんが、学校設置基準に満たない環境下での授業再開でした。

子どもの心身の状態は、やはり震災の影響が出ていました。夜にうなされる、暗闇が怖いなどの異常行動が、六、七人に出ていました。津波が怖くて雄勝に行けない子、地震で揺れた橋を思い出して通学路の橋を渡れない子など、「心的外傷後ストレス障害（以下、ＰＴＳＤと表記)」の「回避*」の疑いの子が二名、うち一名は不登校でした。

＊ＰＴＳＤ（Post Traumatic Stress Disorder：心的外傷後ストレス障害）は、強烈なショック体験、強い精神的ストレスが、こころのダメージとなって、時間がたってからも、その経験に対して強い恐怖を感じるものです。症状の一つである「回避」とは、事件を思い出させるものに近寄れなくなる行動などが起こり、一か月以上持続するものです（厚生労働省）。

全体の傾向としては、低・中学年の児童は食欲がなくて、活動意欲が低下しました。授業中の声が小さくて、新しいことへの挑戦意欲が乏しく、本当に元気がなかったです。親や教師に甘える「赤ちゃん返り」を見せる子もいました。それに対して高学年児童は、異常なテンションの高さが目立ちました。とにかくしゃべります。授業中、給食中、清掃中、着替え中などずっとしゃべっていました。不安や恐れを紛らわすためだったのでしょう。石巻市教育委員会が実施したＰＴＳＤチェックリスト「ＩＥＳ－Ｒ」では、やはり全学年に高い数値が出ました。特に四年生（震災時三年生）が際立って高い数値を示していました。巨大津波に遭遇し、心に恐怖心や喪失感を抱えた子どもたちのケアを、どのように行っていけばいいのか、暗中模索の日々が始まりました。

「学校復興」への疑問

学校再開後、正直いって私たち教職員は、学校復興に向け何をすればいいかわかりませんでした。なぜなら、学校が「青空学校」状態だったからです。自前の校舎がなく、教材教具もないというまともな教育環境がない中で、「教育課程」*の実施は無理とわかっていたからです。

＊「教育課程」とは、「学校教育の目的や目標を達成するために、教育の内容を児童の心身の発達に応じ、授業時数との関連において総合的に組織した学校の教育計画」（学習指導要領解説・総則編より）です。

そのような状況下、文部科学省の指導によって宮城県教育委員会は、震災前の「教育課程」の実施と「授業時数の確保」を最優先にするように、指示を下しました。雄勝小学校でも前年度末に策定した「教育課程」で授業を再開しました。

しかし、私は震災前の「教育課程」が、果たして被災児たちに必要な学びだろうかという疑問を抱き始めました。なぜなら子どもを取り巻く生活環境が激変したからです。子どもの実態をとらえ直し、震災で生じた新しい教育課題を明らかにして、それを克服するための新しい「教育課程」を自主編成する必要性を感じました。

しかし、年度当初は私自身が対案をまだ持ち合わせていませんでした。自分の生活再建（住宅探し、義母の葬儀等）で心身の余裕がなかったからです。

被災地では多くの学校が、地域の避難所となったことから、学校と避難所との共存を図りながら、教育機能の正常化を図る動きが、学校長はじめ学校関係者に起こりました。これが「学校正常化」です。被災児たちに、一刻も早く日常を取り戻してあげたいという、子どもたちに寄り添った行動でした。ただし、裏返していえば、「学校正常化」とは震災前と同じ「教育課程」による学校の旧秩序の復旧を意味しました。

宮城県教育委員会（以下、県教委と表記）は「教育課程」を実施するために、「授業時数の確保」を最優先にして、土日の授業も可能とする指示を被災校に下しました。さらに県教委の方針で、未被災校と同様に、被災校においても二学期から「指導主事訪問[*1]」が全面実施されました。私たち教職員は法的義務のある「公簿[*2]」を整理するとともに、学習指導案を作成し、教材・教具が揃わない中、指導主事が授業参観して指導する授業を行いました。子どもに寄り添いたいのにその時間を割いて、数か月前から準備に取り掛かり、その事務量は被災校にとっては結構負担になりました。

＊1　指導主事訪問とは、都道府県の教育委員会事務局に配置されている指導主事が、各学校において「教育課程」が適切に管理・遂行されているかどうか、学校訪問して指導助言するものです。学校にとっては一大行事で、教員に対する学習指導法の統制と管理強化の機能も併せ持ちます。その法的根拠は「地方教育行政の組織及び運営に関する法律」第一八条です。

＊2　学校教育法施行規則第二八条により定められた、指導要録、その写し及び抄本並びに出席簿及び健康診断に関する表簿のこと。

この事実からいえることは、県教委にとって「学校復興」とは、震災前の学校の旧秩序と「教育課程」を復活させることであるということです。六月頃から雄勝小学校の管理職も「指導主事訪問を復活させることが学校復興だ」と言い始めました。形だけの形式的な学校復興が、そんなに大事なことだろうかと疑問を抱きました。

こうして私は、県教委がいう「学校復興」に、ますます違和感を覚えるようになりました。なぜなら被災した目の前の子どもの実態から出発しないからです。子ども理解が不在なのです。子どもはまだ避難所から通っています。食べ物もまだ満足には食べていません。将来がどうなるのか不安でたまらないはずです。心につらさや喪失感情をいっぱいため込んで、学校に通ってくるのです。そこにまず目を向けるべきだと考えました。

私にとって学校復興とは、目の前の被災児が震災の傷を癒《いや》され、前を向く力を得て歩み出すことです。将来への不安を取り除き、希望を持てるように支援し、励ます学校をつくることです。被災児が内面に抱えるつらさや喪失感情を解決できるような学びを与える必要があるのです。そのためには震災前の「教育課程」を新しく編成し直し、つくり変えることが必要です。これこそが真の学校復興です。決して旧秩序の学校の復旧ではないはずだと考えました。

一方で子どもの心の復興のためには、保護者の一日も早い生活再建が前提になります。少なくとも保護者の就労と自宅再建という二つの課題が解決されることが、被災児の学校生活を復興することにつながります。そのために学校にできることは、子どもの元気な姿を通して保護者を励ますことです。そんな学校を被災地につくることが必要だと考えました。

震災後に被災校を視察されている和光大学副学長（当時）の梅原利夫氏によると、ある県の有名な被災学校では、始業式での学校長の挨拶の中で、「早寝・早起き・朝ごはん」と漢字検定を目標とすることを、堂々と子どもに語っていたそうです。*

＊二〇一一年一二月、民主教育研究所主催全国教育研究交流集会資料「巨大複合災害と教育の課題」。

梅原氏も唖然《あぜん》としたそうですが、このずれた感覚はどこから生じてくるのでしょうか。避難所では飲まず食わずの生活です。体育館のフロアーに寝起きする生活なのです。被災した子どもにとって、漢字検定が生きる目標になるでしょうか。

指導主事訪問の復活にしろ、「早寝・早起き・朝ごはん」と漢字検定にしろ、教育行政側の発想には共通点があります。被災した目の前の子どもの実態から出発するという発想をしないのです。一〇〇〇年に一度の大災害に見舞われているにもかかわらず、教育行政側の発想は全く変わっていないのです。被災児さえも、震災前の「教育課程」と学校の旧秩序の中に連れ戻そうという発想が働いています。裏返していえば、子どもたちを一刻も早く元の学力競争の世界に連れ戻す、という発想が働いているのです。

学習指導要領が求める学力は、もはや被災地には通用しません。「戦後の焼け野原」のように様変わりした被災地とそこに建つ被災校には、被災地の教育課題を乗り越えるべく、被災地にふさわしい独自の教育観が必要とされるのです。三・一一は私たちに、子ども観、学力観、学校経営観などの大転換を突きつけていると、認識しなくてはなりません。

石巻市の復興は、一〇年から二〇年が必要といわれています。その石巻復興を担う主体を育成するためには、石巻市独自の《復興教育》*を、学校現場と地域社会に向けて強く打ち出す必要があると考えました。それが「震災復興教育を中心にした学校運営（経営）の提案」です。

*「復興教育」という用語は筆者の造語です。

二〇一一年の六月二〇日、まず学校長に提案したところ、学校長が全職員による話し合いを設定してくれました。学校長の英断に深く敬意を表します。

第2章　地域復興に貢献する《復興教育》

1 「震災復興教育を中心にした学校運営（経営）」の提案

前述しましたように、「学習指導要領」に基づく「教育課程」と、震災後の雄勝《おがつ》小学校と子どもたちの現実との間には、大きなずれが生じました。そこで、子どもの現実から出発して、新しく「教育課程」を自主編成する必要性が生まれました。そこで、どのような方法で現実に立脚した「教育課程」を自主編成すればいいのか、その「提案」の概略をここに記します。

学校復興の基本方針

雄勝小学校を取り巻く「基本認識」を、次のようにとらえました。

第一に、「地域あっての学校であり、雄勝地区の復興なくして雄勝小学校（中学校も）の将来的な存続（校舎再建）はない」（討議資料より）という基本認識に立つことが重要です。

この認識に立つならば、雄勝小学校の復興は、「旧秩序の復旧」のように学校単独の復旧を意味するものではなく、「校舎再建」までの長い道のりであります。「校舎再建」は、地域を残したいという地域住民の強い要望でしか実現しません。したがって、雄勝小学校の復興は、雄勝地区の復興と一体であり、《地域の復興なくして学校の再建なし》の合言葉の下、学校は雄勝地域と絶えず情報を交換しつつ、地域と《つながって》おくことが重要になります。

第二は、「本校の児童は一〇年後の石巻・雄勝地区の復興の主体になるべき、地域の〝宝〟であるという児童観に立つ」という児童観への転換です。

実は雄勝小学校の子どもたちは故郷の雄勝地域に強い愛着を持っています。地域の復興にも強い意欲を持っており、故郷の復興に参加して、地域の人たちと《つながり》、子どもなりに役に立ちたいと願っています。

一方で、地域住民から見れば、子どもたちの存在は「希望」であり、故郷の復興の後継者でもあります。地域住民にとって、子どもたちは《地域の宝》といえるほど大切な存在です。

したがって、私たち教師が地域に生きる子どもたちの幸せを願うならば、地域復興に貢献できる内容に「教育課程」を組み替えること、そして、子どもたちが地域復興に参加できるような教育実践をつくり出す責務が出てくるわけです。

第三は、「雄勝学校の将来の学校再建は、多くの住民が雄勝地区に帰ってくることが前提条件であり、雄勝小学校の教育活動は雄勝地区住民とのつながりを重視し、地区住民と可能な限り連携しながら教科学習や教科外の行事、総合的な学習などを展開していく」。

第四は、「雄勝中学校学区の雄勝中学校と船越小学校との連携を深め、将来的な学校再建に向かって協力していく」。第三、第四の説明は省きます。

子どもの実態の理解

被災した子どもをどのように理解するか、その理解の仕方によって「具体的な方策」が決まってきます。私の被災体験からいえることは、「被災者が持っている《喪失感情》の本質とは、人と人とのつながり（関係性）の喪失である」（同前）ととらえています。

雄勝の被災者は、自宅と地域を丸ごと流されてしまいました。それは、震災前に自分がつながっていた多くの人や物事との《つながり》が切れたことを意味します。特に家族を失うと、大きな《喪失感情》を抱くことになります。地域コミュニティーを失っても同じように、《喪失感情》を抱きます。これも《つながり》、つまり《関係性》が切れたことから生じる《喪失感情》です。その上、失業すれば生活不安がのしかかってきます。

この状態の被災者の意識を一言でいえば、「希望を持てない」状態といえます。子どもは親の意識に大きく左右されますから、子どもも前を向く気力が湧いてきません。その結果、震災ストレスや震災後の環境の激変からくるストレスによって、イライラ、違和感のあるテンションの高さ、集中力の欠如、意欲の欠如などの問題行動が発生します。これが当時の雄勝小学校の子どもたちの実態です。阪神大震災では、被災の四年後に子どもの〝荒れ〟がピークになったといわれています。すぐに子どもの心のケアを行う必要を感じました。そこで、この子どもたちの実態を踏まえて、次のような具体的な「方針」を立てました。

方策とは《つながり》直すこと

その具体的な「方針」とは、「震災で切れた《つながり》を再びつながり直すこと」です。一言でいえば、《人とつながり希望を紡ぐ》ことです（同前）。

子どもがつながっていた物事とは、地域、家族（親・兄弟・祖父母）、地域コミュニティー、学級集団、友達などです。この切れた《つながり》を再構築することで、喪失感情が癒《いや》され、希望が生まれてくると考えました。

では、学校の「教育活動」として、子どもたちを《つなぐ》ことで、一番教育効果が期待される活動は何かと考えた結果、「地域の人たちと《つながり》、地域の復興活動に参加することではないか」（同前）と考えました。雄勝小学校の子どもたちは、地域を学んできた伝統がありますから、故郷の雄勝地域に強い愛着を持っています。ですから、壊れた地域をこのまま放っておけないと思っています。そこで、子どもたちが地域の人たちと再び《つながり》直して、生き生きと学び始め、復興活動にも参加するようになれば、前を向く力と「希望」を生み出すのではないかと、「仮説」を立てたわけです。

こうして、「地域を学び、復興に参加する活動」を教育活動の中核に据えて、「教育課程」の教育内容を組み替えて自主編成するという、次のような《復興教育》を立案しました。

学校経営の中核を担う《復興教育》の構築

「復興教育の方針」は、(1)「《地域の復興なくして学校の再生はなし、学校の再建なくして地域の復興なし》というスローガンの下、地域復興に貢献するための学校をつくる」。(2)子どもの意識の中に前を向く力と〝希望〟を育てる。(3)一〇年後の石巻・雄勝の復興の主体者に育てる授業実践をつくる――以上三つです。

「具体的方策」は、①支援を受け身で受ける姿勢から転換し、能動的に働きかけ、友達と《つながり》、表現する活動を構築〔一学期：例は「南中ソーラン」〕、②雄勝の地域住民と《つながる》活動を構築〔二学期〕、③子どもが地域と《つながり》、雄勝復興の主体となる教育活動を構築〔二・三学期〕という内容を設定しました。

そして、各教科、道徳、特別活動、総合的な学習において、この①～③の「具体的方策」を教科横断的に取り入れて、《復興教育》のカリキュラムに組み替えていくとしました。

総合学習から開始

この「復興教育の方針」で、手始めに、雄勝小学校の「総合カリキュラム」から、内容を組み替えることを提案しました。雄勝の中心部は壊滅し、地域教材は全てなくなりました。総合学習や社会科の地域教材はどうやって授業するのか、悩んでしまうところですが、こうした状況下でも発想の転換により、新しい教材が見えてくると考えました。

例えば、壊滅した雄勝には、復興を目指して立ち上がった漁師さんや硯職人《すずり》がたくさんいます。その身近な大人こそ子どもに希望を与え、震災を乗り越えるための知恵や思想を学ぶことができる自己形成のモデルとなります。そこで、雄勝復興に命を懸ける地域住民の熱い思いとその活動に触れる学習を構成すれば、子どもたちは、ますます雄勝復興に関心を高め、学ぶ目的も明確となり、学習意欲も学力も高まってくると考えました。*

*後述の六年生の実践をご参照下さい。

なぜなら、地域の復興課題とは、自分の将来と直接関わりがある「まちづくり」がテーマとなっているからです。子どもたちの中に「当事者性」を育てることができますから、生きることと学ぶことが結合した、「本物の学力」を育てることができる可能性があります。そのためには、雄勝小学校を含め被災地の学校は、被災地独自の学力観を持つべきであると考えます。

震災復興教育を中心にした学校運営（経営）の提案

6月22日付
討議資料

1，学校復興の基本方針

①学校教育の再生と復興は，雄勝地区の復興と一体であり，地域あっての学校であり，雄勝地区の復興なくして雄勝小学校（中学校も）の将来的な存続はないという基本認識に立つ。

②本校の児童は１０年後の石巻・雄勝地区の復興の主体になるべき，地域の“宝”であるという児童観に立つ。

③雄勝学校の将来の学校再建は，多くの住民が雄勝地区に帰ってくることが前提条件であり，雄勝小学校の教育活動は雄勝地区住民とのつながりを重視し，地区住民と可能な限り連携しながら教科学習や教科外の行事，総合的な学習などを展開していく。

④雄勝中学校学区の雄勝中学校と船越小学校との連携を深め，将来的な学校再建に向かって協力していく。

2，親と子の意識の認識

＊人と人とのつながりが切れた状態

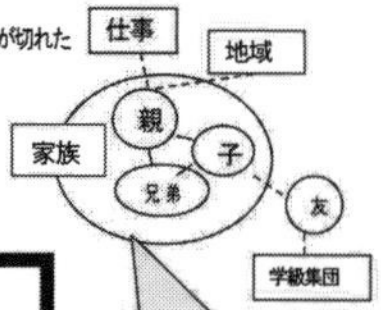

被災者が持っている絶望感・喪失感の本質とは地域の人と人とのつながり（関係性）の喪失である。

<被災した親と子どもの意識>

希望を持てない

・親→家と職を失って生活不安，希望を持てない。
・子→親の生活不安が子に影響を与えて将来に不安を持ち，希望を持てない。

現在の心のケアや心の教育は観念的なとらえ方。環境との関係で心身の不調が出るのだから，自分を取り巻く環境を変える主体に育てることが真のケア，心の癒しだと気づく。

心身への対処療法的方策

４，５月の短期的ケア

年間を通した長期的ケア

○PTSD など心身の不調の実態把握と具体的なケア
- アンケートを定期的に実施して記録をとり，心身の不調がある場合は臨床心理士と連携してケアに当たる。
- 担任は子どもの不安，イライラ，怒り，恐れ，悲しみなどの感情を受け止め，ただ寄り添い，安心感を与える。
- 養護教諭の役割の明確化
- 臨床心理士の役割と連携の明確化

○楽しい体験活動の導入→●本校では不足している。
- 演奏会，よみ聞かせの会
- 楽しい行事（外部の有名人，合宿などの雄勝中の方策はその一つ）

地域の人とのつながり（関係性）を自ら回復する行動を起こすこと，つまり，地域のまちづくりに参加することで自らを癒し希望をもつことができる。

●現在の問題点と今後の課題
- 狭い教室空間で自由に遊べない環境，運動不足，集団遊びの不足，
- 校外学習，見学学習など楽しみと変化が乏しい学習環境
- 間仕切りのない教室環境と教材教具の不足による教員のストレス
- 震災による復興事務増大のストレス
- 学校全体が一方的に支援を受ける受け身の姿勢
- 学校に対する親の批判と不信感の増大

子どもの課題

集中力の欠如，イライラ，不安，違和感のあるテンションの高さ，意欲の欠如，児童同士のトラブル

学校経営と教師側の課題
- 授業中心で何を目指すのかが不明確
- 全員で子どものことを話し合う場と合意形成の欠如
- 意志決定プロセスの不透明化

人と人とのつながりを回復して自ら希望を紡ぐ

子どもの意識の中に“希望”を育てる復興教育
～１０年後の石巻・雄勝の復興の主体者に育てる授業～

3，学校経営の中核を担う復興教育の構築

<基本方針>

①支援を一方的に受ける受け身の姿勢から転換し，能動的に働きかけ，表現し，楽しめる教育活動の構築（１学期）

②雄勝の地域住民とつながる教育活動の構築（２学期）

③子どもが雄勝復興の主体になる教育活動の構築（２・３学期）

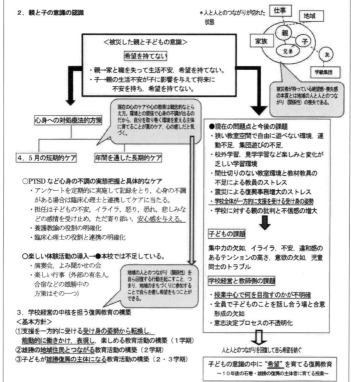

＜具体的な方策＞

> 地域復興と一体化した教育課程を編成する上での諸問題
> 1，被災した親と子の意識（喪失感の本質とは人と人のつながり・関係性の喪失）を教職員が共有すること
> 2，地域あっての学校。教職員が地域に入り，地域復興の行動を起こしている人たちとつながること。その郷土愛に触れて地域復興の思いを共有すること

1学期

6月　7日　花いっぱい運動苗植え　←①楽しい活動

6月27日　遠足（チャチャワールド）←①子ども主体の楽しい活動

6月22日　雄勝法印神楽のクラブ活動の開始←②雄勝住民とつながる活動，③雄勝復興の主体となる活動

7月　2日（土）雄勝復興市への参加　←②**雄勝地域とつながる活動**

> ●*筆者は雄勝住民。自宅と全財産を流失した教員は筆者のみ。地域復興に対する筆者と他の教員との認識には大きな差がある。しかし他の教員と一緒に地域に入り，地域とつながる共通体験を行うことで認識の差は縮まる。*

7月の夏休み前　　子ども祭り　←①子ども主体の楽しい活動
内容；児童会によるゲーム集会A
外部団体による縁日（協力打診済）

2学期以降

●**2学期からの教育活動を，子どもの意識の中に希望を育てる観点から見直していく。具体的には，復興教育の＜基本方針＞に基づいて，教育目標を含めすべての教育課程を見直していく。**

> 地域のまちづくりに参加し，地域を復興する主体を育てる教育課程への転換を目指す。

(1)運動会の見直し
(2)学習発表会の見直し
(3)総合的な学習の時間の見直し

①雄勝の復興に向けて活動している地域の人に触れる活動　→5・6年総合
○ねらい；地域とつながり，地域復興に向けて頑張っている人こそ子どもに希望を与えるし，子どもの自己形成のモデルとなる。さらに地域の人も子どもから逆に力をもらうことができる。
・雄勝硯組合の沢村さん，高橋さんの復興事業の開始（打診済）
・帆立貝の養殖復興を目指している漁師さん：水浜の鈴木さん，立浜の末永さん，船越の中里さん（打診済）
・「まごの手診療所」を奥さんと水浜につくった石井さん（打診済）

②雄勝の復興を担う教育活動
・雄勝小の校庭周りに花を植える活動や桜の苗を植える活動　（生活科・総合）
・サケの遡上前に大原川の清掃活動　（3年・4年総合）
・ホタテ養殖体験の開始　（5年総合）
・硯製作の体験活動（秋以降，6年総合）

> 地域復興を目指す社会参加の学力形成を目指す

③雄勝地区震災復興まちづくり協議会への意見表明（6年・雄勝中学生）
・子どものまちづくり協議会の開催　→　大人の目線で進められるまちづくり協議会へ子どもの目線で意見表明
○ねらい→**子どもの権利条約を生かした社会参加型の学力の育成**

4	5	6	7	8	9	10	11	12	1	2	3

心身への対処療法的方策（短期ケアと年間を通した長期ケア）

子どもの意識の中に“希望”を育てる復興教育　“人とつながり希望を紡ぐ”

①能動的に働きかけ，楽しめる教育活動の構築（1学期）
②雄勝の地域住民とつながる教育活動の構築（2学期）
③子どもが雄勝復興の主体になる教育活動の構築　（2・3学期）

その独自の学力とは、《社会参加の学力》です。子どもたちが故郷を愛し、故郷の復興に参加するための《社会参加の学力》であります。この学力観に立てば、被災地の子どもたちは、学ぶ動機づけと学ぶ目的を明確に持つことができるのです。学習意欲と学力向上にも役立つのです。被災地の悪条件下にいる子どもに懸念される新しい「荒れ」の解決策の一つになると考えました。

このような地域に根ざした《復興教育》こそが、被災地が必要とする教育です。

これが、二〇一一年六月二二日に、私が全職員に提案した《震災復興教育を中心にした学校運営（経営）の提案》の概要です（三六～三七ページはその日配布した討議資料）。

以上の《復興教育》の提案は、その後さらに内容を発展させました。その内容とは、①《子どもは地域の宝》という子ども観への転換、②《社会参加の学力》という学力観への転換、③地域復興と一体化した「学校経営」観への転換、という三つの転換を提案した《被災地の復興を担う教育観への転換》であります。月刊誌『クレスコ』（二〇一二年三月号、大月書店）で発信した結果、多くの反響がありました。「地域に根ざした教育」、あるいは学校教育から地域を変革する教育論として受け止めていただきました。

その中のお一人、故・三上満さんから次のようなご感想をいただきました。

「クレスコの報告（二〇一二年三月号）は、圧倒的な迫力でした。総合学習の教材は復興に立ち上がる人々の姿の中にこそある。子ども自身が復興の主役となることで、学びの在り方を組み替えるなどなど新鮮な提起、目のさめるような思いでした。昔、高度成長の中で村を去るかもしれない子どもにも『村を捨てる学力』（東井《とうい》義雄）ではなく、『村を育てる学力』をという提起・実践が展開されたことを思い起こしたのです」。

阪神・淡路大震災の経験を知る

学校長に、「震災復興教育を中心にした学校運営（経営）」を提案した次の日、宮城県教職員組合主催による学習会に参加しました。講師は阪神・淡路大震災を体験して、震災後の学校復興に取り組まれた兵庫県西宮市の元中学校教師、小川嘉憲先生でした。

講演内容は自らの被災体験を基にして、学校と地域を復興させるための教訓を伝える内容でした。キーワードは「つなぐ」でした。避難所の運営で教員同士がつながり、子どもや保護者とつながり、子どもの最善の利益を考えて学校を運営し、「教育課程」の自主編成と学校の自主運営を行ったというお話でした。

小川先生の講演を聞いて驚きました。小川先生のお話と私が提案した「震災復興教育を中心にした学校運営（経営）」には、多くの共通点があったからです。一六年前の阪神大震災の体験と教訓を話される小川先生から大いなる勇気をもらうとともに、学校づくりの方向性に強い確信を抱きました。

総合的な学習の時間のカリキュラムの作成

六月二四日、全教職員による話し合いがもたれました。私は三〇分をかけて、《復興教育》の提案内容を説明しました。私の提案に対して、教職員からの意見や質疑・応答はなく、反応はいま一つでした。他の教職員はこのような発想をしたことがないというのが正直な思いなのでしょう。疑問や反対意見は出ず、一応この方向性をふまえて、学校を経営することが確認されました。

私の夏休みの活動は地域復興を教材化した総合学習のカリキュラム作成です。巨大津波によって「総合学習」(雄勝小では「雄勝っ子タイム」と呼んでいました)のカリキュラムもデータもすべて流されています。夏休みの残りの期間は、二学期からの地域復興を教材化したカリキュラムづくり、及び、地域で行う体験学習の打ち合わせのために、私は、借家を借りた石巻市街地から雄勝地域へ足しげく通いました。

こうして完成したものが、三年生から六年生までの新しいカリキュラムです。紙面の制約上、「雄勝っ子タイム」の単元一覧表だけを掲載します(四二〜四三ページ)。

総合的な学習の時間の「基本方針」の改訂

二学期初めに、学校長が提示した学校経営案の改訂版には、「たくましさと郷土愛を育てる復興教育」という項目が追加されていました。被災校の「教育課程」づくりの第一歩が始まりました。

学校長によって《復興教育》が、正規の教育課程に組み込まれたことを受けて、総合主任として総合的な学習の時間の「基本方針」を、次のように改訂しました。

一つに、「大震災による雄勝の壊滅という地域の激変、窮屈な間借り教室という悪環境、避難所や仮設住宅という悪住環境だからこそ、子どもの意識の中に前を向く力や希望をつくり出す学習が必要である。雄勝や石巻の未来を自分たちの力でたくましく切り開いて、復興する学力を身に付けることができるよう、カリキュラムを見直し、新しい視点として、『震災復興』という内容を取り入れる」としました。

二つ目は、総合的な学習の「目標」と「目指す子ども像」を、次のように見直しました。

。総合的な学習の目標は、「雄勝の復興とまちづくりについて追究するとともに、地域の人々とつながり、雄勝復興の活動に参加しながら、仲間とともによりよい暮らしをつくり出そうとする実践力を育てる」としました。

「雄勝っ子タイム」の単元一覧（平成23年度版）

○「ふるさと・環境」教育

<table>
<tr><th></th><th>4月</th><th>5月</th><th>6月</th><th>7月</th><th>8月</th><th>9月</th><th>10月</th><th>11月</th><th>12月</th><th>1月</th><th>2月</th><th>3月</th><th>通年</th></tr>
<tr><td>3年生総合70</td><td colspan="12">○大原川の生き物を調べよう（70）
〈目標〉大原川や周辺にいる生き物や植物などにふれる活動を通して、五感を働かせて自然に関わる力と地域への愛着を身に付ける。</td><td>情報教育（10）を含む</td></tr>
<tr><td>4年生総合70</td><td colspan="12">○大原川と森のつながりを調べよう（60）　南中ソーラン（1C）
〈目標〉水道水を作っている大原川の源流は硯上山にあることを知るとともに豊かな森がある地域のよさに気づき、ふるさとへの愛着を深める。</td><td>情報教育（10）を含む</td></tr>
<tr><td>5年生総合70</td><td colspan="12">○雄勝のホタテ養殖と漁業の復興について調べよう（60）　南中ソーラン（1C）
〈目標1〉
・養殖体験活動を通して、雄勝の自然条件を生かした養殖方法の工夫及び山の栄養分と養殖の関係に気付き、養殖に必要な森・川・海のひとつながりの必要性について考える。
〈目標2〉
・雄勝復興のために合同会社を立ち上げた漁師さんの思いを知り、その雄勝復興プランと活動を学ぶとともに、自分達で雄勝復興プランをつくり、雄勝の復興について考える。</td><td>情報教育（10）を含む</td></tr>
</table>

6年生総合70	○雄勝硯の復興と雄勝の町づくりについて考えよう（40） 〈目標１〉 • 伝統的工芸品である雄勝硯の製作方法、種類、歴史及び雄勝石を使った天然スレートについて調べるとともに、雄勝硯の復興に取り組んでいる職人さんの思いを知り、現状を調べ、地域で生きている人達の願いを知り、雄勝硯の現在の問題点と将来について考える。 〈目標２〉 • 雄勝の復興を目指して活動している「雄勝地区震災復興まちづくり協議会」の人々の思いとその町づくりプランを学ぶとともに、自分達で町づくりプランを考えたり復興活動に参加したりして、雄勝復興に対して自分の考えをもつ。 ○会津の自然・歴史・文化から学ぼう（20）（修学旅行）―南中ソーラン（10） 〈目標〉 • 会津の自然や歴史及び伝統文化と会津若松市を活性化するために町おこしをしている人々の思いを調べるとともに雄勝の現状を変える活性化策について考える。	情報教育（10）を含む

。目指す子ども像は、「ふるさとに誇りをもち、ふるさとを愛し、ふるさとの復興に参加する子ども」と設定しました。

続いて地域復興教材の価値の確認です。地域復興を教材化するためには、各学年の担任にあらためて地域復興教材の価値を再認識してもらう必要がありました。

第一に、地域復興の教材は、自分の現在と将来の暮らしに直接かかわり、子どもにとって「当事者性が高いテーマ」であります。そのために学ぶ動機づけと学ぶ目的が明確になり、学ぶことと生きることを結合することができることです。

第二に、自分の住んでいた地域の復興を扱う教材は、子どもにとって関心が高く、「現代的なテーマ」であります。だからこそ悪環境下にいる雄勝小の子どもを、変える力があるということです。

第三に、雄勝復興に命をかける地域の大人は、子どもたちが震災を乗り越えるための自己形成の一つのモデル（復興の知恵や思想を学ぶモデル）となり、子どもの中に前を向く力や希望をつくり出すことができます。

第四は、学力形成と地域復興が結びつき、雄勝や石巻の未来を自分たちの力で、逞しく切り開く「確かな学力」を育てることができます。その学力とは、《故郷を愛し、故郷を復興する社会参加の学力》であります。

以上が、《復興教育》の一つの柱である総合学習の「基本方針」の版です。

授業実践のねらい

二学期から、いよいよ《復興教育》の一つの柱である《地域復興を学び、地域復興に参加する総合学習》の始まりです。

授業実践のねらいの一つ目は、何といっても被災した子どもたちの心のケアのためです。子どもたちが受け身で支援を受ける立場から転換し、能動的に支援する側に回るときにこそ自分が癒されるという体験をしてもらうことです。* そして、地域復興を学び復興に参加することを通して、地域住民との《関係性を再構築》するときに、前を向く力や希望を自ら生み出すことができることを、体験的に知ってもらうことです。

＊支援を受ける立場から支援をする立場への転換で癒されるという体験についての詳細は、第4章で述べています。

ねらいの二つ目は、地域復興を学ぶ子どもの姿を通して、「地域に根ざした学校づくり」を保護者にアピールすることです。これ以上の転校児童を出せば、雄勝地区での学校再建は難しくなります。地域復興学習に学校全体が取り組んでいる姿を見せることで、学校再建に向かって学校と保護者・地域がひとつにつながることが可能になります。

以上が、二学期からの《地域復興を学び、地域復興に参加する総合学習》に込められたねらいでありました。

　そこで授業実践に当たっては、前年度の自主公開研究会まで担ってきた校内研究主任として全面的に協力し、各学年をサポートすることも付け加えました。私の提案に対して全員の担任が実践を引き受けてくれました。

2　地域とつながる復興活動――南中ソーラン

　総合学習に先立って、すでに取り組んでいた復興活動がありました。地域主催の雄勝復興市へ、「南中ソーラン」で出演した実践です。「南中ソーラン」とは、民謡歌手の伊藤多喜雄がソーラン節をアップテンポにアレンジした曲に、北海道の稚内市立稚内南中学校の教員と生徒が振り付けを考案した踊りです。雄勝小学校では、震災七年前に私が持ち込んで、子どもたちに指導しました。それ以来、子どもたちが学習発表会で踊ったり町の「海鮮市」で踊ったりして、住民の皆さんに馴染みの演舞でした。

　二〇一一年七月、地域主催の「第二回おがつ復興市」への「南中ソーラン」の出演依頼が学校に寄せられました。学校と地域がつながり、子どもと地域がつながる、「地域に根ざした学校づくり」の絶好のチャンスです。目標は、南中ソーランを踊り、故郷の雄勝とつながり、雄勝の人に元気な姿を見せることと設定しました。

この目標の下、四年生から六年生の担任の協力を得て、私が指導しました。南中ソーランはかなりきつい演舞です。まさか五七歳になって南中ソーランを教えるとは思いませんでした。全身に湿布《しっぷ》を貼りまくり、足腰の筋肉痛を堪《こら》えながらの指導となりました。

一方、子どもは河北中学校の間借り教室で窮屈な生活を強いられているせいか、そのストレスを発散するかのように一生懸命に練習しました。廊下ですれ違うたびに、「今日の南中ソーランは何時間目にあるの?」と尋ねてくるようになりました。各担任からも、「子どもが練習時間を楽しみにしています!」という声を聞くようになりました。約一か月間、老体にムチ打って教えている苦労が吹き飛ぶようでした。

「おがつ復興市」当日。雄勝から離れて暮らしている住民の方々が集まってきました。瓦礫《がれき》に囲まれた雄勝総合支所の広場で一生懸命に踊る子どもに、アンコールが二回起こりました。被災者にとって、子どもはその存在自体が希望です。子どもの笑顔や天真爛漫《てんしんらんまん》に遊ぶ姿それ自体が、無条件に被災者に生きる力を与えてくれます。瓦礫の中で南中ソーランを踊る子どもの姿はなおさらです。被災した住民の前で一生懸命に南中ソーランを演じる姿を見ると、なぜか涙が流れてくるのです。

観客の住民の方々も、みんな涙を流しています。自分を支えていたすべてを奪われて、丸裸にされた被災者は、自分たちのために健気《けなげ》に踊る子どもの姿に涙し、真心から感謝します。「なぜか涙が出るちゃねえ」と話す住民の皆さんの頬は涙に濡れながらも、その表情は晴れやかでした。心を込めて踊る子どもの健気さは被災者の心を癒し、「よし！　前を向こう」という力をくれるのです。子どもはまさしく《地域の宝》でした。そして、子どもの命の輝きは、復興への希望となりました。保護者の感想文を紹介します。

南中ソーランを踊ると聞いた時、身体が震えました。南中ソーランの練習がはじまった時、娘たちは疲れるんだけど、すごく楽しい！と様子を久しぶりに教えてくれました。学校の様子を教えてくれるのは震災以来初めてです。南中ソーランを踊り終えた時の娘たちの達成感、とてもとてもいい顔をしていました。当たり前に暮らしてきた土地で踊る姿を見て、私もとても感動しました。涙が出ました。親のほうが、町民のみなさんのほうが、心が洗われた気がします。子どもが雄勝を大好きでいられるように、これからも学び、教育をよろしくお願い致します。（Hさん）

一方、子ども自身は、地域の人が涙を流して喜ぶ姿を見て、期せずして自分たちの活動が地域を励ましたことを知ったのでした。そして自分たちの活動の意味を認識し、「自己有用感＊」を高め、自信を持つことができたのです。そして「運動会や学習発表会でもやりたい！」とい

南中ソーランを踊る子どもたち

う、前を向く力を生み出したのでした。

＊「自己有用感」とは、自分は人の役に立っているなどと他者から評価されることによって得られる感情のことです。他者の評価を通して自分の存在価値を評価し、自信を持つことです。

子どもの感想文を紹介します。

南中ソーランをさいしょやるときは、めんどくせってゆってたけど、だんだんやるきが出てきて、徳水先生にリーダーをやれとゆわれたときは、その一〇〇〇倍のやる気がでました。

そして7月2日土曜日、いよいよ本番になりました。まだ学校にいて、南中ソーランを練習しました。リーダーになったつもりでおどりました。つぎにバスで雄勝にいきました。

そして、ほんとの本番です。きんちょうしました。そして、「かまえ」とゆわれてきんちょうしました。そして、練習より一〇〇〇〇〇倍がんばって、みんなであいさつをゆおうとしたら、さいごにアンコールがでました。アンコールがでたしゅんかん、なみだがちょっとでました。そして、終わりました。

そして、2回目をやりました。終わったあと、またアンコールがでました。また、なみだがちょっとでました。みんなが見てくれて、うれしかったです。ぼくは練習でまちがったところが、本番でまちがいませんでした。

みなさんのおかげ、そして、徳水先生のおかげ、せんせいたちのおかげで、まちがいませんでした。ありがとうございました。こんど運動会や学習発表会でもやりたいです。みなさん、ありがとうございました。（四年　龍司）

さて、この南中ソーランの教育実践の意味は、少しずつ私の意識の中で明らかになりました。子どもが住んでいた雄勝中心部は壊滅してしまい、町が消えてなくなりました。子どもは震災以来、四か月間も故郷を離れて、遠い場所で暮らしており、雄勝とのつながりは切れていました。今回子どもが、地域住民のために南中ソーランを踊ったことは、子どもが地域住民とつながり、《関係性》を回復したことを意味します。そして、被災者に前を向く力と生きる勇気をくれました。住民に評価されることで、期せずして子どもは自信を持つことができました。その結果「自己有用感」を高めて、運動会や学習発表会でもやりたい、という前を向く力や目標を生み出しています。

この事実から、私は受け身で支援を受けるよりも、能動的な行動が自分自身を癒す力があることに気づいたのです。

つまり、子どもたちが、一方的に支援を受ける立場から転換して、地域住民とつながり、《関係性》を回復して、地域復興に参加したときに自らを癒し、希望を生み出すことができたということ、その事実に気づいたのでした。そして、この「南中ソーラン」の実践から、私が直感的に抱いていたことに確信を持つようになりました。それは、《人とつながり希望を紡ぐ》という人間復興思想は、教育実践にも応用できるという確信です。

この点については、第4章で詳細に述べますが、ここでは一言だけふれておきます。

《人とつながり希望を紡ぐ》という人間復興思想は、私の被災体験から生まれた思想です。自宅を流され、これまで教師として生きてきた証《あかし》である教育実践記録のすべてを流されて、失意のどん底にいた私でしたが、地域住民とつながり、救援活動を行ったり復興計画の立案に参画したりする中で、自らを癒し、希望を生み出すことができました。この自己再生プロセスを《人とつながり希望を紡ぐ》人間復興思想と名づけました。

この私の自己再生のプロセスを、子どもたちの「心のケア」に応用しようと考えたわけです。「南中ソーラン」を踊ることで、子どもたちは希望を抱くという得がたい体験をしました。この体験をもっと得させるために、必要な復興活動を学校教育の中で計画的に実施して、子どもたちの「心のケア」を果たそうとする教育が、《復興教育》であるということです。「南中ソーラン」の実践からここに確信を持ったのでした。

3　六年総合「雄勝硯の復興とまちづくりについて考えよう」

二〇一一年九月から、雄勝硯の復興とまちづくりをテーマにした総合学習に取り組みました。雄勝町は全国有数の硯の産地です。津波ですべての硯工房が流されてしまいましたが、町のシンボルである雄勝硯の復活は、町の将来に大きくかかわってきます。そこで、雄勝硯を入り口にして、町全体の復興について自分なりの考えを持ってほしいと考えました。

まず子どもたちを復興に立ち上がった硯職人さんに出会わせようと考えました。職人さんの復興への熱い思いや故郷への愛にふれさせて、震災を乗り越えていくための自己形成の一つのモデル（職人になるという意味ではなく、復興に向けた生き方、その知恵や思想を学ぶモデルという意味です）として、そこから何かを学び取ってほしいと考えました。

さらに、故郷の復興に役立ちたい、という子どもの願いを叶《かな》えるために、大人の「雄勝地区震災復興まちづくり協議会（以下、まちづくり協議会）」の復興プランに学びながら、自分たちでまちづくりプランを考える学びを構想しました。

本実践の授業者は、六年担任のY先生と私です。Y先生はこの年の四月に雄勝小学校に転任してきた四〇代の女性教職員です。雄勝町には全く馴染みはありません。雄勝住民の私が授業を支援することは当然だと考えました。支援を申し出ると、Y先生は喜んで受けてくれました。ここから総合学習の共同実践が始まりました。

一時間ごとの授業は、Y先生と私で分担しながら実施しました。紙幅の制約上、ここでは、「雄勝硯の復興と雄勝のまちづくりを学ぶ」の授業展開を述べます。学習目標は、「自分たちでまちづくりプランを考えたり復興活動に参加したりして、雄勝の復興に対して自分の考えをもつ」と設定しました。

どうやって当事者性のある学びにするか

まず「雄勝硯生産販売協同組合」の生産部長で、まちづくり協議会の副会長を担う高橋頼雄さんから一時間目に雄勝硯の復興の講話をいただき、続いて二時間目に、「まちづくり協議会」の「復興計画案」について説明をしていただきました。その後に子ども自身で復興の町づくりの話し合いを行いました。

担任のY先生は、「子どものふだんとは違う集中力と目の輝きに驚きました」と感想を語り、授業に手ごたえを感じているようでした。講話を聴いた聖彩《さとい》さんはまとめのレポートに、次のような感想を書いていました。

私は高橋さんの今の硯の現状の話を聞いて、おどろいたこと、すごいなあと思ったことがあります。それは震災に負けずに、雄勝で有名な雄勝硯を再開しよう！という気持ちです。震災で職人さんも減ったのに、今はたくさんの人から注文を受けて、一生けん命作っているので、すごいことだなと思いました。（聖彩）

さて、二時間目の「まちづくり協議会」の復興計画案を聞いた後、子どもは町づくりプランについて話し合いました。その結果は、町づくりの内容が教師側のねらいとずれる結果となりました。

講師の高橋さんからテーマ別に、「防災・減災の町づくり、産業復活と雇用創出、学校や病院などインフラ再建」と聞いたにもかかわらず、子どもの発想は、「イオンショッピングセンターがほしい。ディズニーランドがほしい」といった、興味本位で自分たちの遊びの欲求に沿った町づくりプランになってしまいました。いわば大資本に依存した「村おこし」（前田賢次）の発想でした。

まちづくりについて話し合う

このように学習の初期段階では、子どもは地域復興の「当事者性」には全く目覚めていませんでした。しかしながらこの結果は、ある程度、予想したことでした。なぜなら、子どもが雄勝町から避難して、すでに八か月がたっています。私は毎週のように通って、瓦礫撤去が進む町の様子を見てきましたが、子どもはほとんど故郷に帰ってはいないのです。故郷の情報が入らずに、地域への関心が薄れてくることは仕方がないことでした。

ただし、藤本和《のどか》さんは、雄勝町を報道した新聞の切り抜きを、家族で集めているとのことでした。「まちづくり協議会」が進めている住居の高台移転や学校の再建プランなどに、家族ぐるみで関心を持っているようでした。

問題はここからどのようにして、故郷の復興に関心を持たせ、六年生の子ども全員に「当事者性」のある学びを構築させるかです。

住民へのアンケート調査

学びの局面を打開するために、私は担任のY先生に住民アンケートを行うことを提案しました。子どもをまちづくりの当事者に目覚めさせるためには、被災した住民の願いや要求に根ざす必要があると考えたからです。つまり、地域住民とつながり、その願いを共有することが必要だと考えたからです。教師側の提案を受けて、子どもは仮設住宅へアンケート調査に行くことになりました。

作成したアンケート調査の項目は、次の通りです。

設問１　大震災から七か月が経過して、今はどんな思いですか。
設問２　壊滅した雄勝はどうなってほしいですか。
設問３　雄勝の復興に必要な施設は何ですか。
設問４　雄勝の子どもに期待することは何ですか。
設問５　その他（自由記述）

このアンケート調査によって、子どもは住民の復興への多様な意見を聞くことになりました。

被災住民の生の声を聞いてショックを受けたようでした。家族を亡くして生きる気力を失くした人、津波の恐怖心で雄勝に帰りたくても帰れない人、元の雄勝に戻ってほしいと願っている人など、絶望と希望の狭間《はざま》で揺れ動く大人に出会ったのでした。子どもがアンケート結果とそれを分析・考察した結果を、次に見てみます。

アンケートの結果をどう考えたか

保護者や仮設住宅の住民の方五〇人に依頼し、回収できたアンケート数は二八人分でした。仮設住宅が遠方に分散しているために、子どもの力ではこの人数が限度でした。しかし、アンケート用紙には、文字がびっしりと書き記されていました。数が多いわけではありませんが、被災した人の置かれた生の現実とその切実さは、子どもたちの認識を豊かにする力を持っていました。紙幅の関係上、特に子どもたちの認識をゆさぶった「設問3」を取りあげます。

設問3「雄勝の復興に必要な施設は何ですか」（複数回答可）に対する回答は、学校一六人、病院一五人、商店一〇人、住宅六人、職場五人、観光施設四人、銀行三人、道路二人という回答でした。以上の回答を子どもたちが考察した結果は、住民は生活に必要な施設ばかりを望んでいることに気づいていきました。そして、子どもたちは町に必要な施設として、イオンショッピングセンター、ゲームセンター、遊園地をつくって、観光客を呼ぼうと考えていましたが、生活に必要な施設を忘れており、住民の考えと違って遊び中心だったことに気づいていきました。そして、被災者の願いに寄り添った町の復興プランをつくる大切さに気づいていきました。

アンケート結果の考察を生かして、子どもたちは再度話し合って、復興プランをもう一度考え直すことになりました。話し合いの後に、高橋さんから説明してもらった「まちづくり協議会」の「復興計画案」と、子どものプランを対比させ、二つのプランの相違点を考えさせました。子どもたちは多様な視点から「まちづくり協議会」の「復興計画案」が作成されたことを理解し、雄勝住民の地域復興への強い願いに関心を高めていきました。こうして、故郷復興の「当事者性」に目覚めていきました。

その後、二〇一二年一月に入り、子どもたちは「災害危険区域」に指定された津波の浸水区域の土地利用について、「復興まちづくりプラン」を考案しました。そして、二月の全校行事「生活・総合発表会」において、全校児童と保護者に向けて発表することになりました。

硯製作の見学

一〇月末、「復興まちづくりプラン」と並行して雄勝硯工房の見学を実施しました。学校間交流を行っている仙台市立生出《おいで》小学校の五・六年生も一緒に参加しました。

巨大津波で六人いた現役の職人さんのうち、二人が亡くなっています。当時製作を再開していた職人さんは、遠藤弘行さん一人でした。筆者とは同年生まれで、長年の付き合いがあります。

瓦礫の中から原材料の硯石を回収し、廃材で作った粗末な二畳の掘立小屋《ほったてごや》で、黙々と石を削る遠藤さんの姿に、子どもは目を見張りました。

「原料の石もノミもすべて流されたけど、知人から譲り受けた数本だけのノミで彫っているんだよ。雄勝石の中でも波板石は特に硬くて、いい硯ができるんだ。硬い石と軟らかい石は削った時の音が違うのがわかるかい。全国からの支援に励まされて、やっと再開できたんだよ」

と、優しい目で遠藤さんは語ってくれました。

瓦礫に囲まれ、電気も水道もない過酷な環境下にあっても、復興への強い思いを熱く語る遠藤さんに、子どもは驚きと感動を覚えました。この時、引率したY先生と私は、地域復興を担う大人に出会うことは子どもに復興への希望を与え、子どもの自己形成の一つのモデルになると確信しました。

この学習活動から、私は次のことを学びました。

子どもが地域とつながり、地域の人とのつながり、《関係性》を回復することは、子ども自身の中に希望を生み出すということです。そして、被災して喪失感情や不安感を抱えている子どもが学びたい学習の一つは、地域復興学習であるという確信を深めたことです。

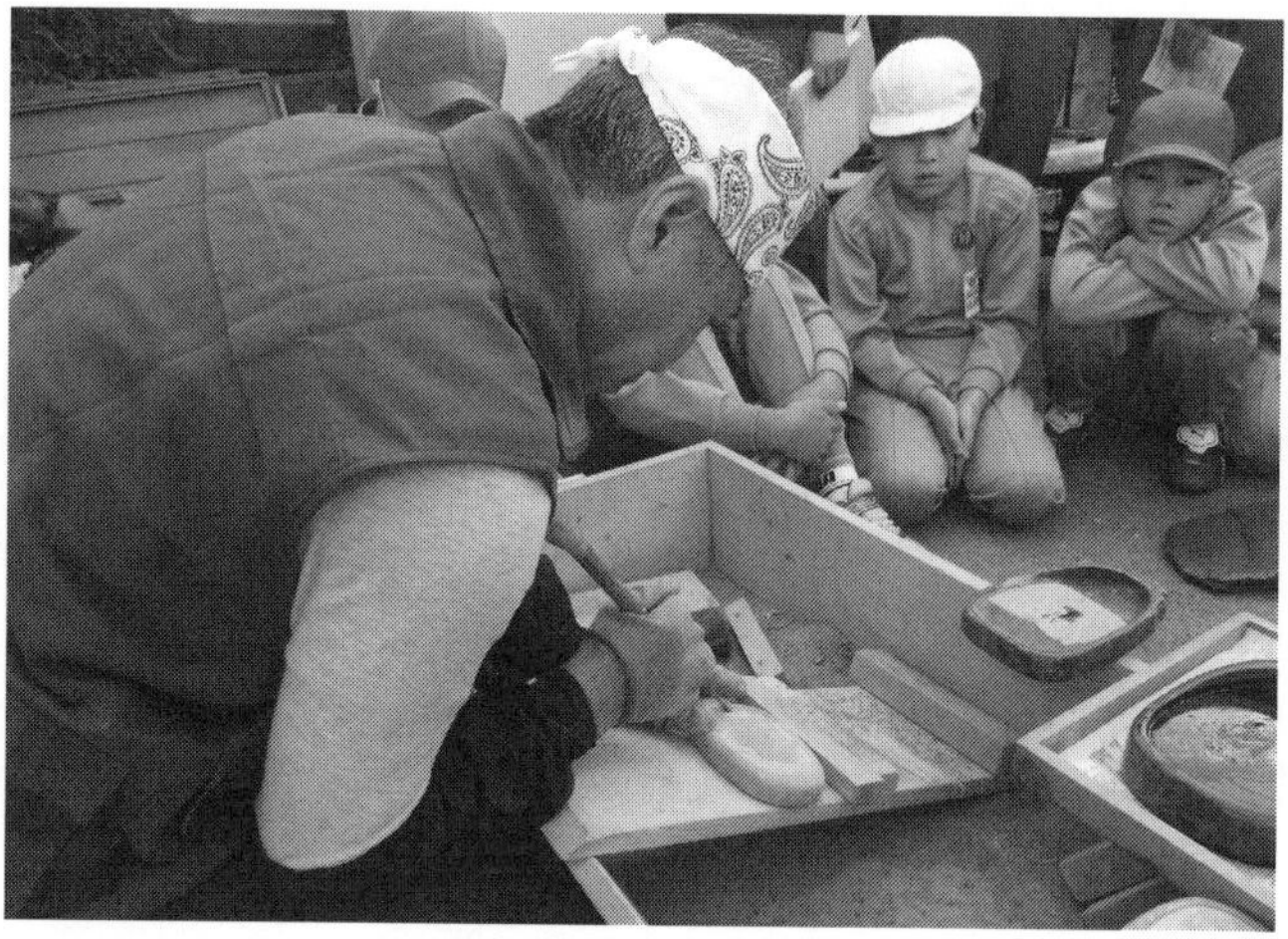

硯を彫る遠藤弘行さん

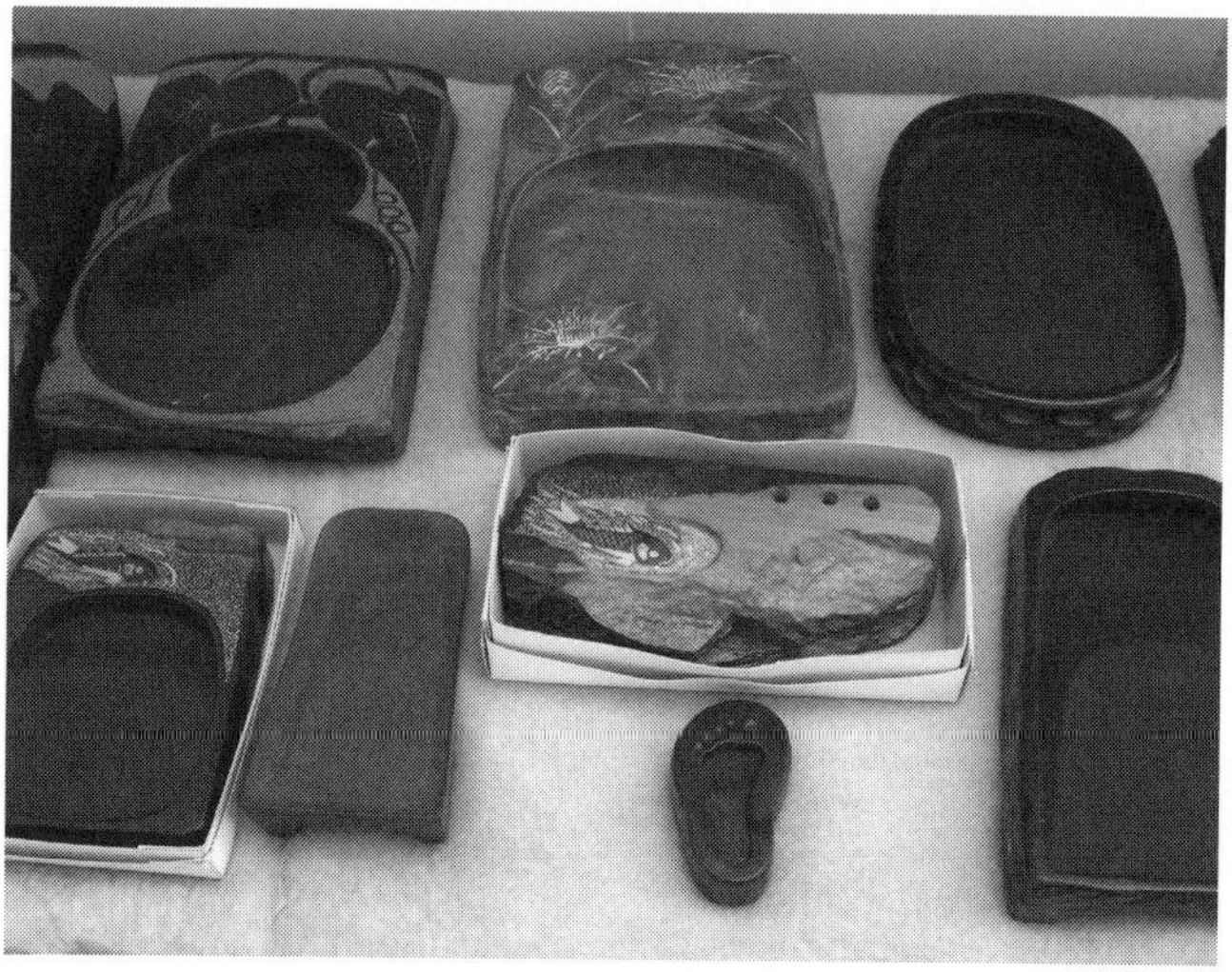

遠藤さんの雄勝硯

仮設住宅の訪問と表札のプレゼント

遠藤さんの工房を後にして、子どもは雄勝森林公園内にある仮設住宅を訪問しました。教師側と子ども側の話し合いの中で、仮設住宅の皆さんに雄勝石のスレートで作った表札を、プレゼントするという支援活動を決めていたからです。

集会所を借りて、「雄勝硯生産販売協同組合」事務局長の千葉隆志さんの協力を得て、入居者の表札を作りました。千葉さんは、「子どもは雄勝石を直接手にして、石肌の感触を確かめながら書いてくれました。伝統を絶やさないために、頼もしい限りです」と語ってくれて、この日の復興支援活動に手ごたえを感じているようでした。

いよいよ、仮設住宅の住民の方々に、プレゼントする時間がやってきました。お一人お一人の名前を呼んで、子どもは手渡しでプレゼントしました。

「半年間、子どもの姿を見なかったから、子どもの声が聞こえただけで飛んできました」と話された雄勝住民の阿部きゑ子さんは、涙を流して喜んでくれました。

「涙でいっぱいです。子どもだってみんな被災者なのに……。私たちのためにこんなことをしてくれて、うれしい限りです」と、高橋つね子さんは声を詰まらせます。

仮設住宅自治会長の山下輝夫さんは、「子どもが雄勝石を使って書いてくれた。ありがたい

子どもたちが作ったスレートの表札

子どもたちの作った表札を贈られよろこぶ住民の方

です。元気が出ます。子どもが、復興に頑張っている気持ちが伝わってきました」とお礼を述べてくれました。山下さんは、小学校の校門前で、書籍と文房具の店を経営していた方です。馴染みのある地域の人からお礼を言われて、子どもも嬉しそうでした。

この交流会を通して子どもは、被災住民と交流するだけで、住民の皆さんに生きる力を与えられると実感しました。そして自分たちの活動の価値を知り、「自己有用感」を高めることができたのです。

この交流会からも私は多くのことを学びました。孤立した被災者にとって、支援活動を行う子どもは復興への希望となります。一方、被災者を勇気づけた子ども自身も自尊感情を高め、地域復興への希望を持つことができます。地域の人とつながり、《関係性を再構築》することが、子どもと地域住民の双方に希望を生み出すのです。子どもは地域復興の主人公であり、《地域の宝》であると確信しました。

こうして地域復興に参加する主体を育てる《復興教育》に、ますます確信を深めていきました。

全校行事で子どもたちが発表

二〇一二年一月に入り、六年生は雄勝町の「津波浸水区域」の土地利用について、復興プランを考案する学習を行っていきました。そして、二月三日の全校行事「生活・総合発表会」で発表となりました。保護者も参加してくれました。

まちづくりのテーマは、「雄勝に来たら一日いても退屈しない、雄勝の自然を感じることができる町」です。雄勝の美しい海と山の自然環境を観光資源として生かすために、九・七メートルの防潮堤（後述）は造らずに、「滞在型の観光地」を目指した「復興まちづくりプラン」でした。

ところで、住民へのアンケートの結果、子どもたちの認識が大きく変わった点がありました。それは、住民が暮らしていくために必須の学校、病院、商店、銀行など「インフラ」の必要性に気づいたところでした。住民の要望にこたえるために、子どもたちは当初のプランを見直して、海から一番遠くの小高い場所（味噌作《みそさく》地区）に、それらの施設を設置していました。

では、まちづくりプランの本論に入ります。子どもたちが何回も見直して練り上げた「復興まちづくりプラン」です。当日の発表を記録したビデオ映像から発表の様子を一部再現します。

司会は、藤本和さんです。「震災前にはなかった施設がたくさんあります。それでは詳しい説明をします。快人《かいと》さんお願いします」。

「復興まちづくりプラン」を描いたパネル板を指しながら、快人君がやや緊張した声で述べました。「まず、施設を紹介します。『ＯＧＴ』があります。『ＯＧＴ』とは大人が農業体験や釣りをしているときに、子どもが楽しく遊べる施設です。『海の駅』では、特産品の雄勝硯やホタテやホヤを売ります。津波の『メモリアルルーム』もあります。併設のグラウンドでは野球もでき、いろいろな人と交流できる場所です。『民宿』は雄勝で遊んだ人が泊まる場所になっています。窓からは雄勝の美しい青い海や桜並木が見えます」。

次には聖彩さんです。「まず『サイクリングロード』から説明します。雄勝に来た人が自転車で走れる道です。ＯＧＴや公園で自転車を借りることができます。道路の横には『桜並木』があるので、雄勝の自然を見ながら走ることができます。そして、津波から守るために海側には、『防潮林』を植える予定です。次に『養殖場』です。銀サケなどを養殖していて、雄勝の人が働けます。養殖場の近くには『釣り場』があり、大人から子どもまで楽しめます。次は『畑』です。このサイクリングロード脇の畑は、雄勝の住民用で、野菜などを作って食べることができます」と優しい声で説明しました。

続いて、和さんが発表しました。「説明します。県道を雄勝に入ってくると、右手にきれいに整備された『花壇*』が目に入ります。季節によって、いろいろな花が咲く予定です。春はチューリップや秋はコスモスなどです。次に畑を紹介します。こちらの畑は、雄勝に来た人が、『農業体験ができる畑』になっています。畑の近くには、野菜を調理できる『キャンプ場』があります。キャンプ場の中にはテントを張ったり、コテージに泊まったりすることができます。山の中腹には、『太陽光発電所』や万が一に備えて、『避難所』もあります。子どもが遊べる『公園』もあります。以上で『復興まちづくりプラン』の発表を終わります」。

＊「整備された花壇」とは、現在の雄勝ローズファクトリーガーデン（第5章）の場所です。二〇一一年当時は、妻が母の供養のために花を少し植えた程度でした。子どもが描いたプランは現実を先取りしていたことに驚きを覚えます。

ここまでまちづくりプランを聞いていて、感心させられたことがたくさんありました。一つ目に、雄勝の美しい自然景観を壊さないために、高さ九・七メートルの防潮堤を造っていないことです。

九・七メートルの防潮堤とは、国の「中央防災会議」で、十数年から一〇〇年に一度の頻度で発生すると予想される津波を「レベル1」と定め、その「レベル1」津波に対応した防潮堤の高さです。雄勝湾中心部の防潮堤はコンピュータ・シミュレーションによって、従来の四・一メートルの二倍以上の九・七メートルに設定されました。海と陸のつながりを分断し、景観も壊すとして雄勝湾でも反対の声が上がっていました（第5章参照）。子どもたちは防潮堤の代替案として、山へ続く避難道をつくっていました。

二つ目に、住居の高台移転後の跡地を体験農業ができる畑に開発し、海の特産品と合わせて、観光客など交流人口を呼び込んで産業復興策を考えている点も評価できます。この跡地の活用法は大人の「まちづくり協議会」では手つかずの領域であり、大変参考になりそうです。

三つ目は、家族連れで雄勝に来たときに、子どもが「一日いても、退屈しない」施設があることです。それがＯＧＴという屋内の施設です。これは大人の発想では考えつかない子どもならではの視点として高く評価できます。

四つ目に、雄勝の美しい自然と触れ合えるサイクリングロードや桜の並木道、花畑にキャンプ場などがあり、テーマにふさわしい、「雄勝の自然を感じる」まちづくりになっている点も評価できます。そして、町づくりのテーマと一人一人の発表内容に矛盾がありません。思いつきではなく、じっくりと考え、話し合って、整合性を確認し合ったことも、発表内容から読み取ることができました。

私は子どもが地域復興の主体に育つことなしには、ここまで精緻《せいち》なプランを考案することは無理であろうと思いました。

発表が終わると同時に、参観した二〇人の保護者と全校児童から、大きな拍手がわき上がりました。「涙が出ました。雄勝の未来が見えます。子どもが雄勝のことを考えてくれるなんて、嬉しくなりました。雄勝小学校を転校しなくてよかったです」と、感想を語ってくれたのは母親のHさんでした。

子どもの「復興まちづくりプラン」が、保護者に希望を与えてくれたのです。地域とつながり、住民とつながり、希望を紡いだ子どもたち。彼らはまさしく、雄勝や石巻復興の主人公であり、《地域の宝》であることを証明してくれました。

こうして、六年生の「生活・総合発表会」は、当初の目標を達成して終了しました。地域復興の総合学習を全校に提案したのが半年前です。半年間で子どもがここまで成長し、目標を達成するとは正直想像していませんでした。

ところで、《復興教育》の結果、子どもの学力はどうなったのかを気にする読者の方もいるかと察します。年度末に実施した標準学力検査（ＣＲＴ）では、学級平均が国語一〇ポイント、算数一五ポイント、それぞれ全国平均一〇〇を大幅に上回っていました。また震災前（五年生時）に比較して国語は七ポイント、算数は二〇ポイントも上昇していました。これは、教科指導と総合学習を両立させたＹ先生の指導の賜物《たまもの》でした。

このように総合学習とは直接関係のない教科の学力にまで、波及効果を生み出していたわけです。その理由とは、地域の復興現状から学習課題を見つけ、解決策を考えて表現するという問題解決的な学習によって、子どもたちが教科学習に汎用《はんよう》できる学び方を身につけて、「本物の学力」を身につけたからではないかと考えます。そして何よりも故郷の復興という自分にとって「当事者性」のあるテーマが、子どもたちを学びの主体に変えてくれるのだと考えます。

将来は復興に役立つような仕事や人に役立つような仕事をしたいと願うようになった子もいます。教科学習を何のために学ぶのか、その学ぶ目的が明確になり、学ぶことと生きることが一致するようになったといえます。

卒業制作で町の模型作り

二月下旬、六年生は自分たちがつくった「復興まちづくりプラン」を視覚化するために、立体模型を作ることになりました。

粘土の厚さは四ミリメートル刻みで重ねていきます。等高線に沿って、紙粘土を手で練り込んでいく作業は、根気を必要としますが、子どもたちは意欲的に取り組んでいきました。

紙粘土を手でこねて積み上げていく作業は、故郷の雄勝の大地を耕し、つくり直していくような感覚をもたらしてくれました。故郷雄勝の更地を花畑に作り直す復興活動と、イメージが重なります。海と山に囲まれたすり鉢状の平地に、自分たちで立案した町を手作りする造形活動は、故郷への愛と復興への思いを一層高めてくれているようでした。最終的にはこれがY先生と子どもの卒業制作となりました。子どもの感想文を紹介します。

「私たちの〝未来の雄勝〟」　藤本　和

「雄勝硯の復興と雄勝のまちづくりについて考えよう」。これは私たち六年生の総合のテーマであり、私の一番心に残った活動です。保護者にアンケート調査を行いました。アンケートの結果の中で、「雄勝の復興に必要な施設は何ですか」という質問の回答が、復興まちプ

震災復興まちづくりプラン（上雄勝・味噌作地区の浸水区域の活用）

2012年3月28日
製作者　雄勝小学校6年生

町づくりプランのテーマ
「1日いても退屈しない，雄勝の自然を感じることができる町」

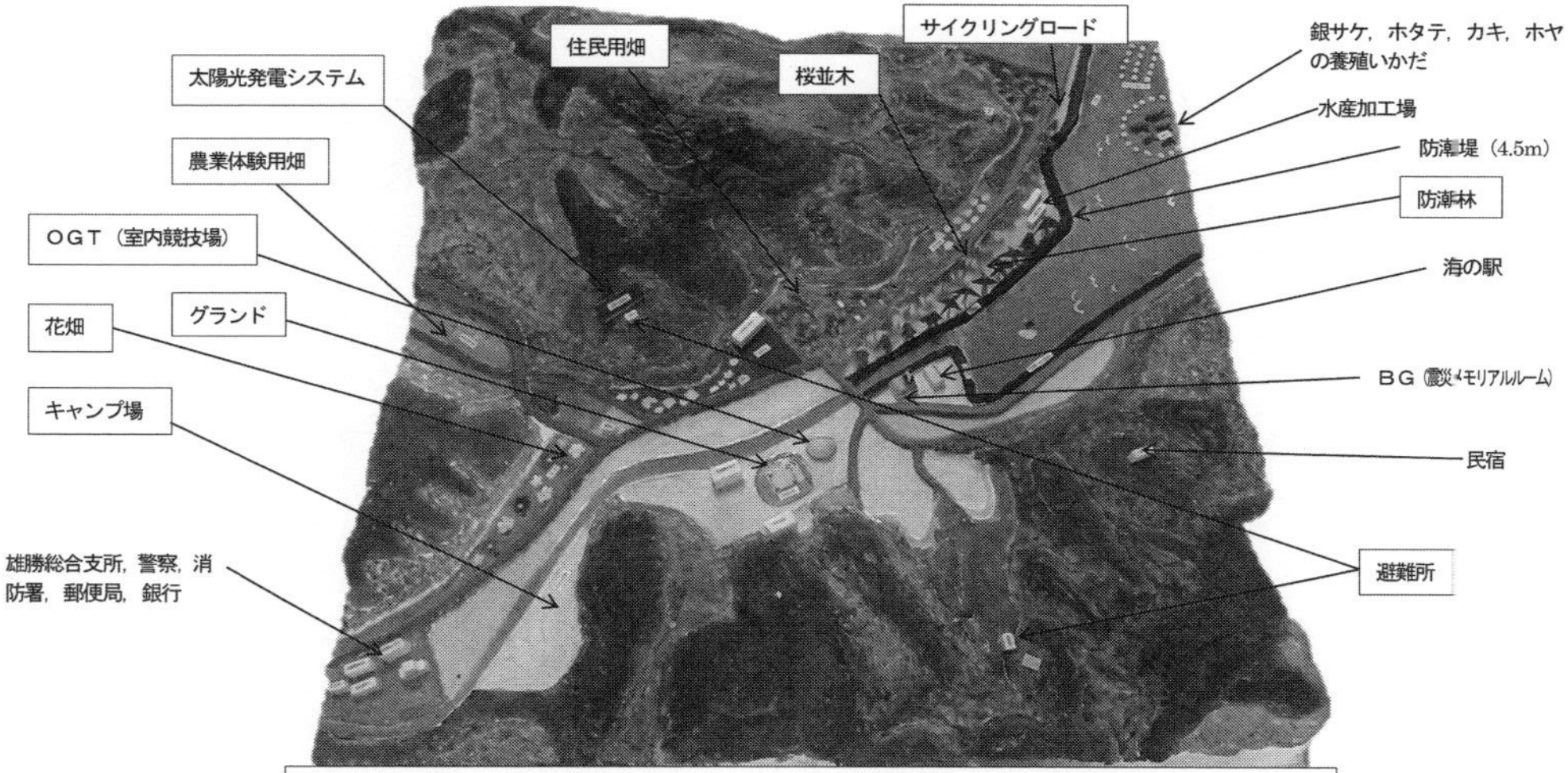

雄勝小６年生　佐野内由羅　佐藤大誠　遠藤快人　藤本和　遠藤聖彩　秋山沙耶香

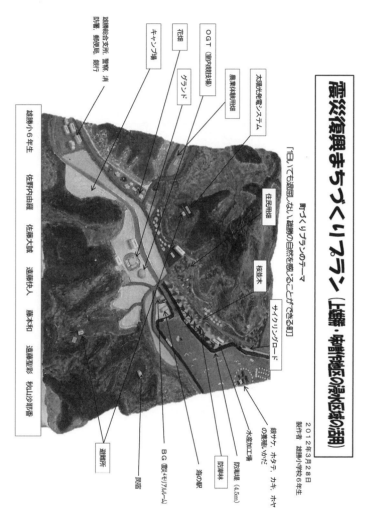

ランの参考になりました。簡単に言うと、私たちの考えた未来の町は、雄勝の人々が期待した町ではありませんでした。アンケートの結果、必要な建物ベスト3は、「学校、病院、商店」でした。私たちの考えの中には、商店はあったものの、学校や病院はありませんでした。そこで私たちの遊び中心の考えがまちがっていることがわかりました。他にも雄勝の人々は、安心・安全を求めていることがわかりました。

私たちは、このアンケート結果をもとにして「雄勝に来たら一日いても退屈しない雄勝の自然を感じることができる町」をテーマに、もう一度「未来の雄勝」を考えました。そしてできあがった町は、最初に考えた町とは全くちがう町になりました。新しくできた施設は、海の駅、OGT（室内運動場）などです。ほかにも桜並木のあるサイクリングロードや農業体験ができる畑などがあります。雄勝の自然を体験できるような町を考えました。

私たちは、卒業制作として、「未来の雄勝の町」を紙粘土で立体模型にすることにしました。発砲スチロールの上に紙粘土を重ねて、山などを作り、アクリル絵の具で色をぬりました。道を作り、海を作り、本当の雄勝ができていくようでした。その作業はけっこう楽しかったです。私たちは、もし、震災がなかったら、このような貴重な体験ができなかったと思います。だからと言って震災があってよかったというわけではありません。でも、この経験は、とても貴重なものだと思います。

それに、今回の活動で、故郷である雄勝がどれだけ大切かが身に染みてわかった気がします。これからも雄勝を大切にしたいと思います。私の一番心に残った「未来の雄勝作り」、とっても楽しかったです。

地域復興に貢献する「教育課程」の下地をつくった

以上が、この年の六年生の総合学習「雄勝硯の復興と雄勝の町づくりについて考えよう」の概略です。この実践を私なりに、次のように総括しています。

先に、「地域復興を学び、地域復興に参加する総合学習」の「授業実践のねらい」を二つ挙げましたが（四五ページ）、そのねらいを検証します。

ねらいの一つ目は、被災した子どもたちの心のケアが目的でした。藤本和さんは感想文に「今回の活動で、故郷である雄勝がどれだけ大切かが身に染みてわかった気がします。これからも雄勝を大切にしたいと思います。私の一番心に残った『未来の雄勝作り』、とっても楽しかったです」と結んでいます。

この事実から、六年生が地域とつながり、《関係性》を回復することで、「自己有用感」を高めて自ら前を向く力を獲得し、心の復興を果たしつつあることが読み取れます。したがって地域復興に参加する主体を育てる《復興教育》は、被災児の心のケアにも有効であると検証できました。

ねらいの二つ目は、地域に根ざした学校づくりを、保護者にアピールすることでした。地域復興に貢献する地域に根ざした「教育課程」をつくるためには、保護者と地域の後押しが必要です。その点についても成果がありました。「生活・総合発表会」で発表する子どもの姿を見て、保護者のHさんが、「転校しなくてよかったです」と感想を語ってくれました。子どもの姿を通して保護者は、地域に根ざした学校経営を目指している学校の姿勢を、理解してくれたようです。

以上の事実から、二〇一一年度の総合学習は、地域復興に貢献する地域に根ざした「教育課程」づくりの下地を、つくることができたと評価しました。

「まちづくり協議会」で意見表明

二〇一二年三月二八日の第一一回まちづくり協議会にて、子どもはその立体模型を使って意見表明を行いました。卒業式を終えて一〇日が過ぎていましたが、卒業生全員が揃いました。卒業生のうち二名は、雄勝中学校ではなくて他の中学校へ入学します。それでも地域住民に向かって意見表明する子どもは、自信に溢《あふ》れていました。

子どもの発表を聞いた石巻市役所雄勝総合支所（以下、雄勝総合支所）の担当者は、「皆さんの発表を聞いていて胸に熱いものがこみ上げてきました。皆さんの意見は大変参考になりました。光を見るようでした。これからの話し合いに生かしていきたいです」と、感想を述べてくれたのでした。また復興アドバイザーの東京芸術大学教授のヨコミゾマコト先生は、「感動しました。住民アンケートを実施して復興プランを立案する手法は大学生並みである」と高い評価を子どもたちに与えたのでした。ここでも子どもの学びが大人を感動させ、励まし、大人に希望を与えたのです。

実は三月二八日の「まちづくり協議会」で子どもたちが意見表明した直後の会議は、大荒れになりました。宮城県が高さ九・七メートルの防潮堤の建設を求めてきたからです。しかし、海に生きる漁師さんたちは、子どもたちの意見表明に感動し、きっぱりと反対を表明したのでした。

子どもの復興プランを市の復興計画に採用

子どもの意見表明から半年後の二〇一二年八月、雄勝総合支所は、高台移転や道路のかさ上げ、浸水区域の跡地利用等の復興計画案（第二次復興計画案）を住民説明会で提案しました。驚いたことに、そこには子どもが提案した「復興まちづくりプラン」の一部が採用されていたのでした。*

雄勝総合支所の復興担当者は、「宮城県の方針で高さ九・七メートルの防潮堤は拒否できない。しかし、一部分だけの建設に押し留め、子どもの案も生かし、美しい景観を守るために、この復興案をつくった」と説明しました。そして、宮城県の方針をストレートにはおろさずに、住民の反対意見に沿ってぎりぎりの妥協案を作成したのでした。

ところで、子どもの意見表明が行政の施策に採用された事例は、日本の教育史の中でかつてあったでしょうか。あったとしても極めてまれな、画期的な事例だといえます。この事例が生まれた大きな要因は、何よりも子どもの意見表明を大人の意見と対等に扱ってくれた、「まちづくり協議会」の対応があったからこそです。《子どもの権利条約》の《意見表明権》を知ってか知らでか（おそらく知らない）、漁師さんを中心に構成された「まちづくり協議会」の対応があったからです。

なぜ対等に扱ってくれたのか、その理由はこうです。意見表明した目の前の子どもたちは、一〇年後に自分たちの後を継いでくれる地域復興の後継者であると、誰もが認識していたからです。この子どもたちに先祖代々受け継がれてきた浜を残したい、後を継いでもらいたいという雄勝の海と風土への強い愛が、「まちづくり協議会」の委員の皆さんの胸に溢れていたからです。

このように「まちづくり協議会」では、子どもの意見が大人の意見と対等に扱われました。地域復興に意見を表明し、地域復興に《社会参加》した子どもが、復興の後継者として尊重されたのです。これこそが子どもは《地域の宝》という新しい子ども観です。つまり、地域の新しい「生存の仕組み」（大門正克）を創り出す主体として新しい子ども像が被災地に生まれたのです。その子ども像は、いわゆるグローバル経済競争に適応した人材とは異なる、地域の未来を拓く新しい子ども像だといえます。

＊六年生の「復興まちづくりプラン」を一部採用したこの「第二次復興計画案」は、けっきょく、宮城県が九・七メートル防潮堤を雄勝湾奥部全体に建設する方針を堅持したために、不採用となってしまいました。復興の遅れを恐れた雄勝総合支所は、二〇一四年に九・七メートルの防潮堤をのむという苦渋の決断を行い、「まちづくり協議会」を説得する側に回りました。その後の動きは第5章「石巻市雄勝町の復興の歩み」をご参照ください。

経済学者の岡田知弘さんの評価

本実践に対して、京都大学公共政策大学院教授の岡田知弘さんは、「創造的復興」に対置する「人間性の復興」であり、地域住民主権に基づいた被災地再建の可能性と展望だけでなく、日本列島全体の地域再生への示唆を提供しているという観点から、次のように評価しています。

このことは、宮城県石巻市立雄勝小学校での徳水博志教諭の教育実践にも通底している。被災した小学六年生が、美しい海と山、雄勝硯などの地域の宝物を再発見し、独自に復興計画をつくって、行政の復興計画づくりに参画していくことは、被災者としての主体形成という面から、子どもを含めた「人間性」の高まりとしての「人間の復興」であり、「地域住民主権」の発露であるといえる。しかも、子どもの復興プランは、先に巨大防潮堤ありきという国や県からの「国土強靭化《きょうじん》」の考え方ではなく、地域で育《はぐく》まれてきた資源を、将来の主権者であり復興の主体である自らのことばと絵によって描いたものであり、人かコンクリートかという二項対立図式を超えた、創造性と展望にあふれたものであった。人間としての生存の危機を体験した被災地だからこそ、圧倒的に厳しい状況の下で、「人間性の復興」が光を放っていると言える。

ここに、「人間性の復興」の理念と地域住民主権主義にもとづいた、被災者の暮らしと被災地域社会再建の可能性と展望だけでなく、人間らしい暮らしや仕事、さらにそれを支える地域社会を喪失しつつある日本列島全体の再生方向への示唆を見出すことができよう。(『地域・労働・貧困と教育』かもがわ出版、二〇一二年、『「生存」の東北史』大月書店、二〇一三年)

岡田知弘さんは、日本列島全体の地域づくりには「主体形成」が不可欠と言われています。現在、地域で頑張っている大人の主体形成のみならず、若い後継者の育成も必要となります。ここで私が実践してきた地域復興に参加する主体を育てる《復興教育》とリンクするわけです。岡田さんが述べられているように、本実践が、日本列島全体の地域再生に貢献する「地域に根ざした教育」の方向性を示すことができているならば幸いです。

社会参加の学力は主権者教育へ発展する

ところで地域復興の主体を育てる《復興教育》は、「主権者教育」にも発展すると考えています。私が《復興教育》で提案した《故郷を愛し、故郷を復興する社会参加の学力》とは、どのような学力なのか、半年間の教育実践を通して、暫定的に次のように定義することにしました。「地域の意思決定に参加し、憲法の個人の幸福追求権と公共の福祉を尊重し、地域課題を適切に解決したり判断したりする学力」。

子どもが地域復興に社会参加して、意思決定に参加することは、地域のことは自分たちで決めるという《自主管理意識》や《住民主権者意識》を生み出します。さらに身近な地域の問題に対して、「一八歳選挙権」を行使することで、自分たちで決定した結果に責任を負う覚悟も生まれてきます。そして、地域へ社会参加してつかみ取った《住民主権者意識》は、土俵を地域から国に広げると、国の未来は自分たちで決めたいという《国民主権者意識》を育てることにつながります。このように《社会参加の学力》を育てる教育実践は、一八歳選挙権を行使する「主権者教育」に発展することを確信しました。

4　五年総合「雄勝湾のホタテ養殖と漁業の復興を調べよう」

続いて二〇一二年度、震災二年目の《地域復興を学び、復興に参加する総合学習》について記しておきます。

この学級は児童数九名（二学期転入一名含む）。震災時は三年生です。児童数一九名でしたが、震災直後の転校によって児童数が激減した学級です。震災二年目に私が学級担任となり、一年間指導することになりました。

雄勝小学校の五年生は、震災以前から雄勝湾のホタテ養殖を教材にした総合学習に取り組んできました。震災によって雄勝湾のホタテ養殖は壊滅してしまいましたが、海にはいち早く震災から立ち上がった漁師さんたちの姿がありました。子どもにとって、この漁師さんの姿こそが、絶好の地域復興の教材であると直感しました。

そこで、二〇一二年度の五年生は、「雄勝湾のホタテ養殖と漁業の復興を調べよう」というテーマを設定し、漁師さんが設立した合同会社「ＯＨガッツ」で、ホタテの養殖体験学習を行いながら地域復興を学ばせることにしました。

子どもにとって震災から立ち上がった身近な大人に出会うことは、震災後を乗り越えていくための自己形成の一つのモデル（これも漁師になるという意味ではなく、復興に向けた生き方の知恵や思想を学ぶモデルという意味です）となります。また雄勝湾でホタテ養殖を行うために、漁師さんは養殖方法を工夫していて、それを学ぶこともできます。

合同会社「ＯＨガッツ」の伊藤浩光さんは、震災後に新しく漁業の「六次産業化」を始めました。漁業の「六次産業化」とは、生産（第一次産業）、加工（第二次産業）、販売（第三次産業）を漁師が全て自前で行って、収益アップを図る新しい漁業の形です。「一＋二＋三」で「六次産業化」というわけです。これも震災後を生きる漁師さんの知恵として学ばせたいと考えました。

このテーマを追求するために、伊藤さんには、ホタテの養殖体験を四回実施していただきました。さらに外部講師として教室に三回来ていただきました。

授業はまず六月から九月にかけて三回の体験活動を行いました。この三回の休験活動のねらいは、課題設定です。体験活動の内容構成は課題設定の重要なポイントになります。教師が学んでほしいと思うテーマと、子どもたちが学びたいと思ったり関心を持ったりする内容との接点を探ることがねらいとなります。

まず子どものこれまでの生活体験と学習経験から、どのような体験活動を構成すれば、どのような課題を設定するかを予想します。予想された課題がテーマに直結し、教師側が学ばせたいテーマや方向性と一致するように、体験活動の内容を吟味します。このような吟味を経て構成した体験活動が、六月のホタテの稚貝《ちがい》を採集する採苗器《さいびょうき》の投入体験活動、八月の成貝の水揚げ体験活動、九月の採苗器の回収体験活動という、三回の体験活動です。

共通の体験活動から課題設定

三つの共通体験活動から子どもたちは、クラス全体で三三の個人課題を設定しました。その中からいくつか個人課題を紹介しましょう。

- ホタテはなぜ殻の表が茶色で裏が白いのか。
- ホタテには目や口はあるのか。
- ホタテはなぜ縦線が出ているのか。
- プランクトンとは何か。
- ホタテのエサは何か。
- ホタテのヒモ（目のこと）は何の役に立つのか。
- 採苗器にホタテの稚貝がどうやって入ったのか。
- ホタテの赤ちゃんはどうやって大きくなるのか。
- 天然のホタテは採られるまでどこにいるのか。

二重構造の採苗器

・海に入れて一年目のホタテは何センチくらいか。
・ホタテの水揚げは楽しいですか。
・なぜこの仕事をやりたいと思ったのか。
・ホタテ養殖の始まりから終わりまで全部知りたい。
・漁業の六次産業化とは何か。

以上の子どもの個人課題には、教師側が学ばせたいテーマや学びの方向性と一致する課題が含まれていましたので、この時点で実践の見通しが見えてきました。

特に「採苗器にホタテの稚貝がどうやって入ったのか」という課題――これはK子さんの出したものでした――は、ホタテの垂下《すいか》養殖法の工夫点の一つに着目した疑問点であり、学級全体の学びの方向性に大きな影響を与えた個人課題となりました。これについて少し説明します。

　実は、寒流の海で育つ天然のホタテ貝は、五～六月に産卵します。卵は受精後に浮遊幼生となり、海中を漂いながら生息します。○・三ミリくらいの大きさになると、足糸を出して海藻などに付着する性質があります。この時期に採苗器という二重の網袋を海中に設置して、採苗器に浮遊幼生を付着させるのです。内側の網袋は玉ねぎ袋といわれ、網目が大きくて浮遊幼生が付着しやすい形状をしています。外側の網は内側の玉ねぎ袋に比べて網目が二ミリと小さくなっているわけです。

　九月頃、採苗器の中で一センチ程度に大きくなった稚貝は、足糸を自ら切って海底の砂地に落ちるのですが、外側の網目が二ミリと小さいために、海底に落ちずに外側の網袋の中にたまるという仕組みになっています。昔は杉の小枝を海中に吊るして浮遊幼生を付着させていましたが、回収のタイミングを逸すると、外側の網がなかったために、稚貝が全て海底に落ちてしまうという失敗を繰り返すこともあったそうです。その問題を解決するために編み出された方法が、網袋を活用した二重構造の採苗器です。ここにホタテ貝の生態を熟知した漁師さんの養殖方法の工夫点があるのです。

　この工夫点に着目したK子さんの個人課題「採苗器にホタテの稚貝がどうやって入ったのか」という問題意識は、ホタテ養殖方法の工夫点を突いた、大変に優れた本質的な問いだったのです。子どもは、当初はホタテの体の構造など生態に興味・関心を持っていましたが、それ

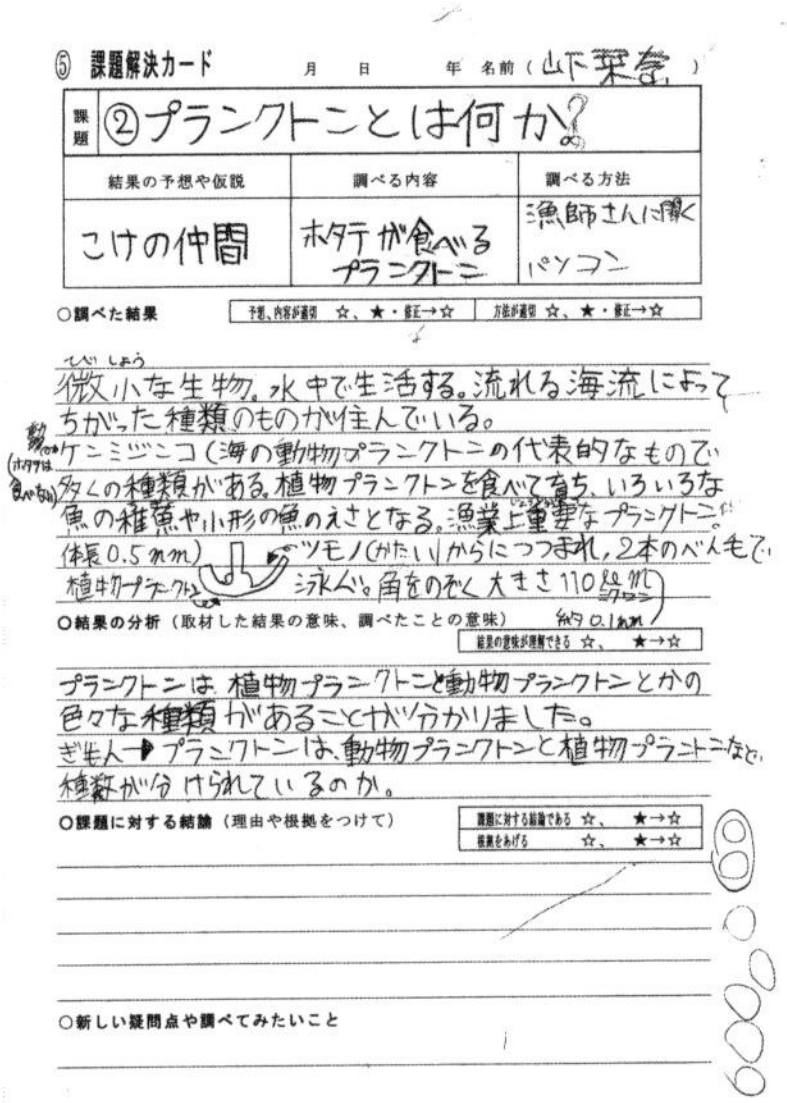
⑤ 課題解決カード　月　日　年　名前（山下菜奈）

課題	②プランクトンとは何か？	
結果の予想や仮説	調べる内容	調べる方法
こけの仲間	ホタテが食べるプランクトン	漁師さんに聞く パソコン

○調べた結果　予想、内容が適切　☆、★・修正→☆　方法が適切　☆、★・修正→☆

微《びしょう》小な生物。水中で生活する。流れる海流によってちがった種類のものが住んでいる。
動物（ホタテは食べない）ケンミジンコ（海の動物プランクトンの代表的なもので多くの種類がある。植物プランクトンを食べて育ち、いろいろな魚の稚魚や小形の魚のえさとなる。漁業上重要なプランクトンだ。体長0.5mm）
植物プランクトン　ツモノ（かたい）からにつつまれ、2本のべん毛で泳ぐ。角をのぞく大きさ110ミクロン　約0.1mm

○結果の分析（取材した結果の意味、調べたことの意味）　結果の意味が理解できる　☆、★→☆

プランクトンは植物プランクトンと動物プランクトンとかの色々な種類があることが分かりました。
ぎ問→プランクトンは、動物プランクトンと植物プランクトンなど種類が分けられているのか。

○課題に対する結論（理由や根拠をつけて）　課題に対する結論である　☆、★→☆　根拠をあげる　☆、★→☆

○新しい疑問点や調べてみたいこと

が解決されてくると、K子のように養殖方法へ興味・関心が移って来て、学びが深化していきました。それが、連続的な問いとして生み出された「共通課題」です。

個人課題を解決し発表する

では、個人課題を解決する「課題解決カード」を紹介します（次ページ）。個人課題「プランクトンとは何か」を調べたカードです。課題に対する結果の予想や仮説→調べる内容→調べる方法という学び方で解決していきます。取材や資料で調べた結果は丸写ししないで、結果を分析させて、課題に対する結論を導いていきます。

論理的に書く力を育てるために、しばらくは次の文型で書かせていきます。「私の課題に対する答えは（　　）です。その理由・根拠は（　　）だからです」。

このカードは教室に掲示して、青付箋《ふせん》紙（質問や疑問）と赤付箋紙（感想や評価）を貼らせて、個人課題を学級全体で共有していきます。この手立てによって学びの交流が生まれます。

個人課題の解決については、一人ひとり発表を行います。質疑応答も行って、級友の課題解決も共有していくことになります。

それから個人解決した内容を集団思考によって類別し、グループに分けました。すると一〇グループになりました。この一〇グループをさらに集団思考で大きく二つに分けると、①天然ホタテの育ち方、②雄勝湾の養殖方法の二つになりました。この二つを比較すると、新しい疑問点を子どもが発見しました。

。疑問点の一つ目……天然ホタテは三年目で八センチメートルなのに、養殖ホタテは一二センチメートルの大きさに育つのはなぜか。

。疑問点の二つ目……天然ホタテは海底三〇メートルの砂地で育つのに、養殖ホタテは海中に吊るしても育つのはなぜか。

ここから子どもは、共通課題を設定することになりました。

共通課題の設定

「共通課題」とは、個々人の課題解決のプロセスで新たに生じてきた疑問点を学級全体で共有し、集団解決を図るための新たな課題のことです。その共通課題とは次の事項であります。

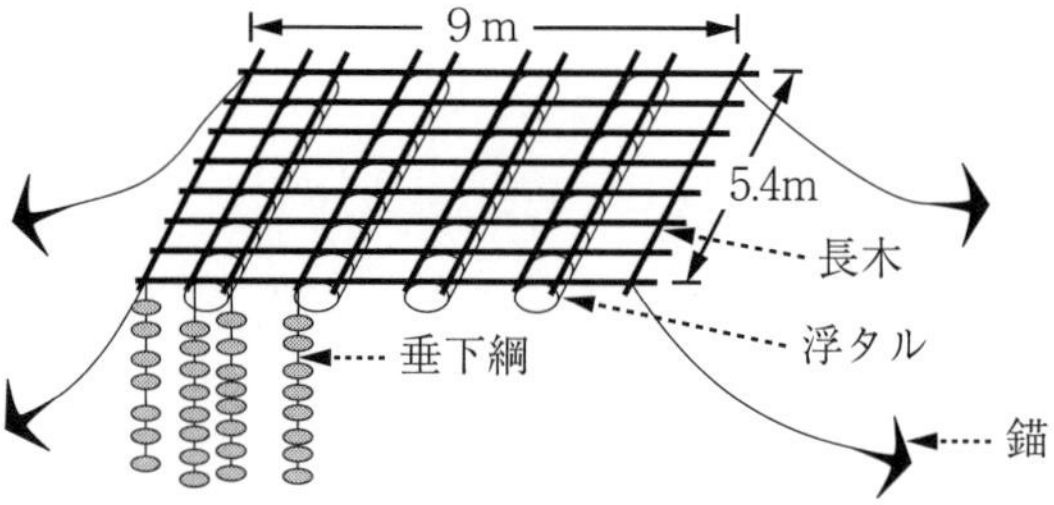

筏式垂下養殖（宮城県漁業協同組合ウェブサイトより）

。共通課題1……天然ホタテに比べて、二年目から養殖ホタテが大きくなるのはなぜか。

。共通課題2……なぜ養殖ホタテは海底の砂地でなくて、海中に吊るされても育つのか。

ここまでくると、あとは子どもの主体的で探求的な学びが展開すると確信しました。教師が学ばせたいテーマが子ども自身の学びのテーマになるという確信を得るに至りました。

紙幅の関係から、ここでは共通課題の1にしぼって学びの記録を記しておきます。この課題を解決するために、予想を立てさせました。「ものの見方・考え方」（西郷竹彦）の一つである仮説的な思考を用いているのですが、子どもからは次のような予想が返ってきました。

。予想（仮説）……海底の砂地よりも海面に近い海の方が、植物プランクトンが多い。（龍司、凌《りょう》、遥斗《はると》）

ここで養殖ホタテの垂下方式について、少し説明が必要です。養殖ホタテの垂下方式とは、ホタテの貝殻の一部にドリルで穴をあけてテグスを通して、一本のロープに一五〇個程度の稚

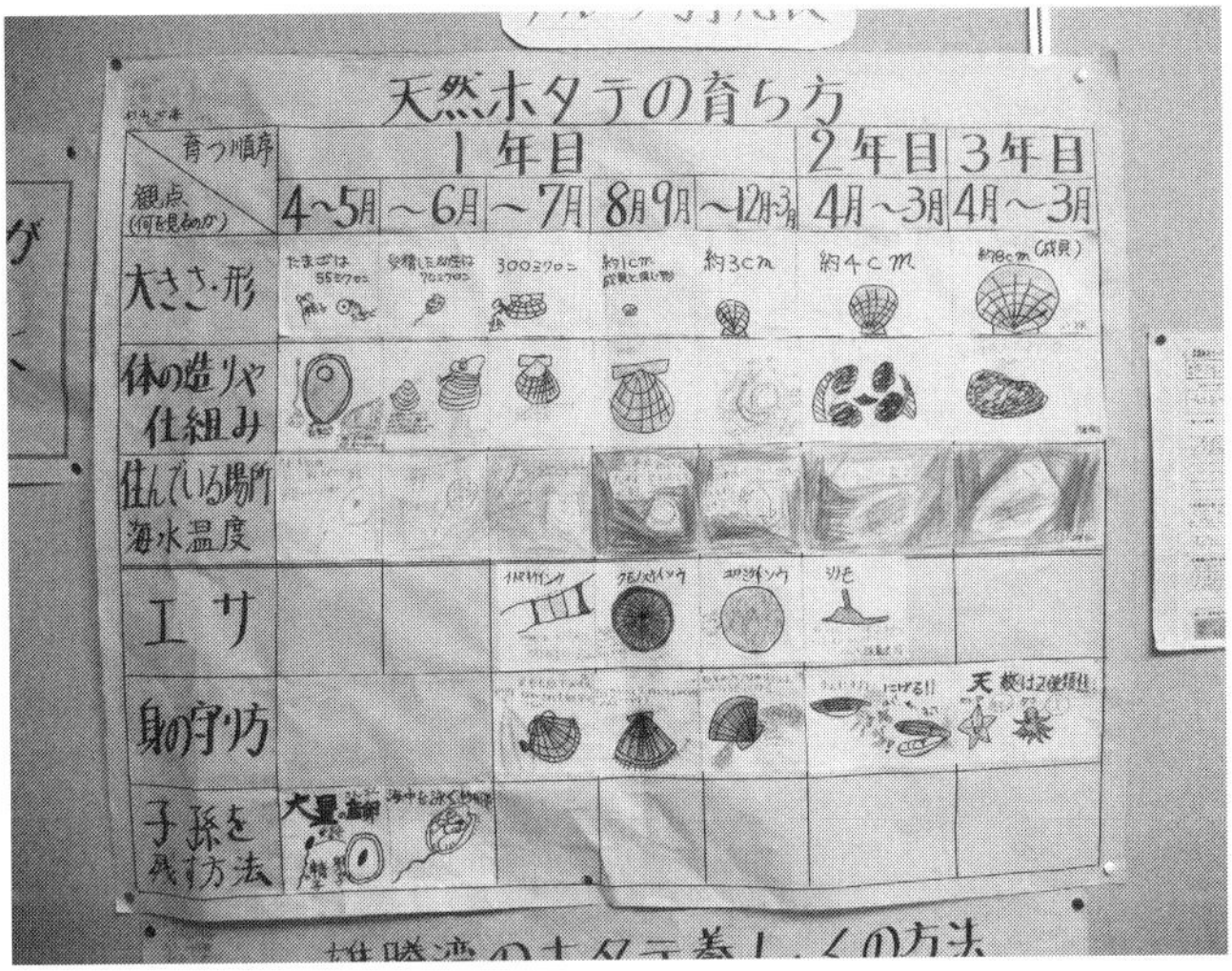

子どもたちがまとめた「天然ホタテの育ち方」

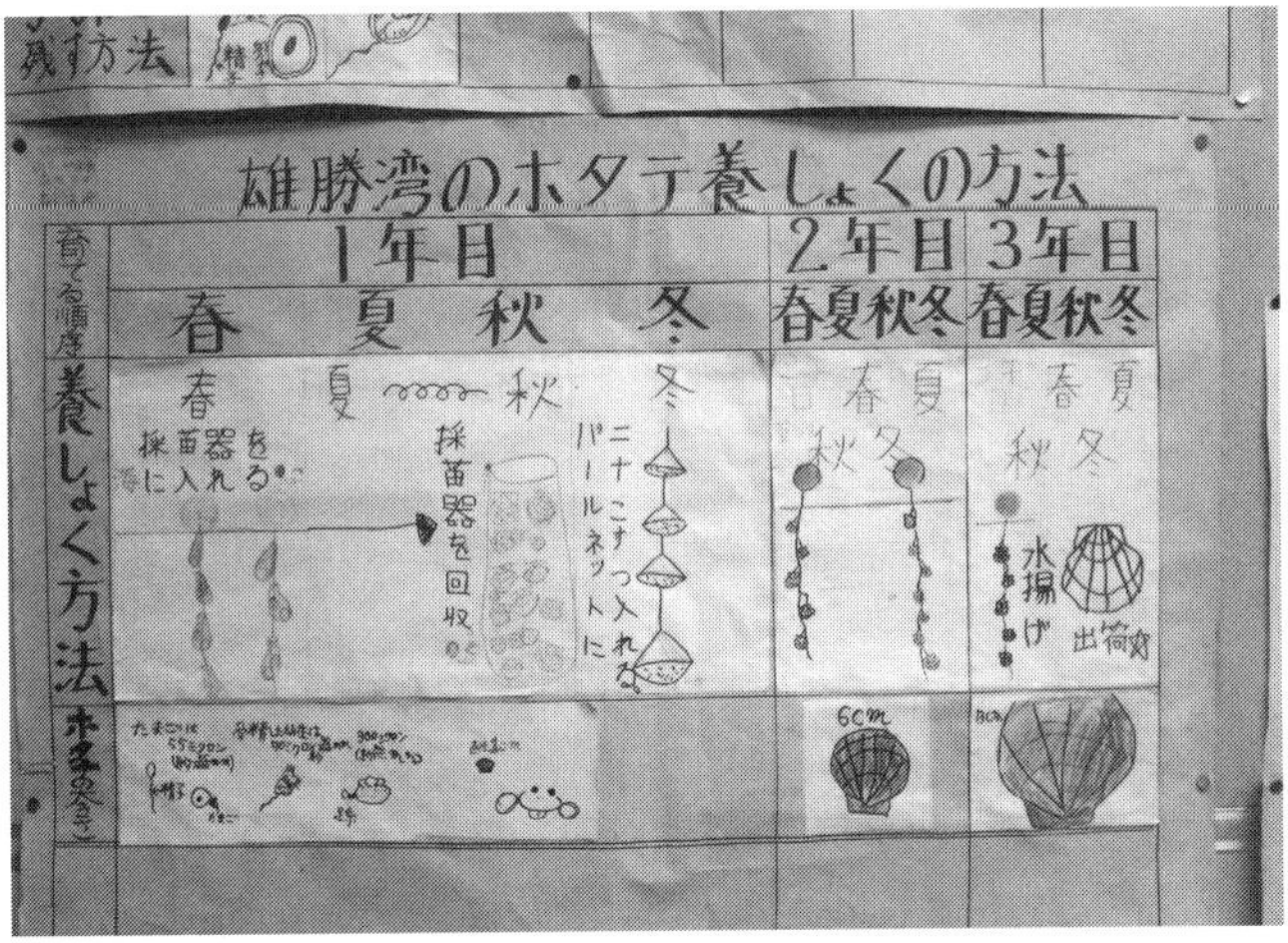

雄勝湾でのホタテ養殖方法

貝をつないで筏《いかだ》に吊るし、海中三〜二〇メートルの深さで養殖する方法です（86ページの図参照）。海底の砂地で成長する天然ホタテよりもプランクトンが豊かなために、半分の期間で成長するのです。青森から宮城県の三陸海岸で用いられている養殖方法です。

子どもは、天然ホタテと養殖ホタテの成長の仕方を比較（対比・類比）して、海底の砂地よりも海面に近い海の方が、植物プランクトンが多いと予想（仮説）を立てました。そして、理科の光合成の知識をフルに活用して、討論しながら課題を解決していきました。

理科では陸上の植物の光合成しか習いませんが、海中の光合成に応用しながら、光が多い海面ほど光合成が盛んで植物プランクトンが多いはずと考えたのです。そして、海面は海底より明るいという経験知を加えて、海面に近い海中は日光が多いために植物プランクトンが豊かで、海底の天然ホタテよりも養殖ホタテの方が、成長が早いという結論を導いていったのでした。そして、このような知識を使って、漁師さんが筏の深さを上下させるなど、一人一人独自の養殖方法を編み出している知恵に子どもたちは感心していくのでした。

。共通課題1の答え……「植物プランクトンが多いからです。その理由（根拠）は、海の上の方は海底の砂地に比べて太陽の光がよく当たり、光合成によって植物プランクトンが増えて、ホタテのエサが多くなるからです。だから養殖ホタテは天然ホタテに比べて、早く育つことができます」。

。子どもの感想

・光合成の働きが分かった。光がいっぱいあたる所はプランクトンが多いことが分かった。（琹奈《かんな》）
・分かったことは、光合成によってプランクトンが増えるのが分かった。（龍司）
・養殖ホタテのほうが大きく育つ。なぜなら上の方が、光がよくあたってプランクトンがいっぱいいるから。（春仁）
・太陽の光が当たり、光合成によって植物プランクトンが増えることがわかった。（初華《しょか》）
・太陽が海にあたると、プランクトンが多くなることがわかりました。（遥斗）
・海の上の方が、プランクトンが多いことがわかりました。（凌）
・光合成でプランクトンが増えることがわかりました。（朝陽《あさひ》）
・分かったこと。海の上の方は、海底の砂地に比べて太陽の光がよくあたり、光合成によってプランクトンがふえることが分かりました。（京《けい》）
・天然ホタテは下にプランクトンが少ししか来ないということが分かりましたが、食べたりなかったら、上に自分から行くのだろうか。（七海《ななみ》）

アクティブ・ラーニングとの違い

共通課題1の課題解決のプロセスを、学力形成という観点から分析してみます。

思考力面では仮説、比較（対比と類比）という「ものの見方・考え方」（西郷竹彦）を使っています。知識面では、理科の知識である陸上植物の光合成の知識を、海中の植物プランクトンの光合成に応用しています。また生活体験知では、海面と海底の彩度の違いという生活体験から得た知識を活用しています。学び方の面では、個人解決と集団解決の場に一〇回以上討論を入れています。さらに課題解決プロセスを言葉で、論理的に表現させていく手立てとして、「課題解決カード」など四種類のカードを活用し、根拠を明らかにして課題に対する答えを論理的に表現する力を鍛えていきます。

この問題解決のプロセスにおける学び方は、二〇一七年に改訂された学習指導要領で導入された「アクティブ・ラーニング」の「主体的な学び」「対話的な学び」「深い学び」はもちろんのこと、最も大切な、科学的な「真理を探求する学び」を行っています。ここが「アクティブ・ラーニング」と大きく違う点です。

真の学力をつけるためには、科学的な認識を育てる「真理を探求する学び」を学び方の中心に据える必要があります。本実践ではふれていませんが、さらに批判的精神を養うために、「批判的な学び」を加えることも必要です。

漁師さんから震災を乗り越える知恵を学ぶ

子どもが調べてわからなかったことは、伊藤浩光さんを外部講師として教室に招いて、答えてもらう時間を一〇月に二回ほど設定しました。

伊藤さんは、津波はすべてを奪っていったが、悪いことばかりが起こったのではないと教えてくれました。例えば、海底のヘドロが流されて海底に堆積《たいせき》した栄養分がかき回されて、養殖にとっては好条件が生まれたことなど、津波被害を前向きに考えていると答えてくれました。また雄勝湾のホタテが特に甘い理由として、海底から湧水が湧き出しており、その湧水は雄勝の山から地下水となって海底に流れてくること。その湧水には山の栄養分が豊かにふくまれているので、雄勝湾の養殖ホタテは甘いだけでなく、早く育つことができるという説明もしてくれました。経験知と科学的な知識に裏づけられた漁師さんの知恵に、子どもたちは驚くとともに、伊藤さんに尊敬の眼差しを向けていました。

さらに津波を起こした海を決して憎んではいないこと、一〇〇〇年に一度は人間に災害をもたらしても、九九九年は圧倒的な恵みを与えてくれていることを、忘れてはいけないこと。海が大好きで、これからも海とともに生きていくことを話してくれました。

そして、津波被害を乗り越える知恵としては、「津波は津波。いつまでもくよくよせずに、見方、考え方を柔軟に変えていけば、前を向くことができる」と、津波被害との折り合いのつけ方（復興思想）を教えてくれたのでした。津波が全てを奪ったにもかかわらず、現実を受け入れて、海と共に生きていくという漁師の姿（復興思想）に触れて、子どもは強く感動した様子でした。特に七海さんは、伊藤さんの前向きな姿に触発されて、本書の冒頭に掲載した、「わたしはわすれない」という詩を書き上げました。またある子は、伊藤さんの悠然と語る姿を見て、「かっこいい！」と言って、尊敬の眼差しを向けていました。

こうしてホタテ養殖の復興に立ち上がった漁師さんは、子どもにとって震災を乗り越えていくための、知恵や復興思想を学ぶ一つのモデルとなったのです。これが、復興に立ち上がった大人の姿は、子どもたちの自己形成のモデルになるという意味です。

教科書で学ぶ教科学習には全く興味を示さずに、学ぶ意味を喪失した子どもたちでしたが、地域復興を学ぶ総合学習には、こうして意欲的に取り組んでいきました。特に変化が大きかった子は遥斗君です。六月の授業の導入では、本テーマに全く興味を見せずに、「ホタテ？　興味ない！　雄勝は破滅！」と投げやりな発言をしていた子でした。ところが地域復興の学びの途中から意欲的に学習するようになり、一番変化した子です。故郷の復興への強い意志を心に刻み付けています。

ただし、漁業の六次産業化のうち、二次産業の「加工」と三次産業の「販売」は、体験活動を行うことができませんでした。加工場の建物ができたばかりで、子どもの体験活動を受け入れる余裕がなかったからです。伊藤さんの言葉だけの説明に、子どもたちは理解が難しいと感じているようでした。「加工」と「販売」は、子ども自身の学びのテーマになるには時期尚早と感じましたので、これ以上の深入りは避けることにしました。雄勝までバスで往復六〇分通うという悪条件の中での授業でありましたが、十分な成果を得ることができました。本実践のまとめの感想文と子どもたちの木版画を紹介します。

子どもたちの感想文と木版画

伊藤さんはホタテのことを全部勉強して、ホタテを「おいしく、大きく育ててきた」のですごいと思いました。漁師さんをみて、仕事が大変そうだけど、漁師さんは大変そうだとは

「説明してくれる伊藤さん」

「漁師の伊藤さん」

「かごに稚貝を入れるぼく」

「採苗器を結ぶぼく」

思っていないようです。でもつかれているのをすがたには出さずに、いっしょうけんめいやっているのがカッコイイ！ と思いました。ぼくもいっしょうけんめいやってみたいです。伊藤さんはなぜ雄勝を復興させようとしているのか、自分のふるさとだから、ぜったいに復興させたいんだろうなあと思いました。ぼくは今雄勝には住んでいないけど、ぼくもいっしょに復興させたいです。その理由はぼくのふるさとだし、ぼくの友達のふるさとでもあるから、みんなのため、自分のためでもぜったい復興させたいです。（遥斗）

漁師さんはいろいろ考えてやっているんだと思いました。おもりをつけて温度調節をしているのは頭を使っているなあと思いました。漁師さんの知恵はすごいです。漁師さんは養しょくだけでなくて、販売もする。東京から雄勝まで来て、大変そうだった。いがいに若い人がいたのでびっくりした。伊藤さんはすごく雄勝のことが好きで、雄勝を復興させたい気持ちがすごくあるのだなあと思いました。そしていつかぼくも雄勝を復興させたいです。そして雄勝の新山神社が好きなので、また楽しく祭りがしたいです。（春仁）

ホタテはストレスのあたらない海が好きだから、雄勝湾はあんまりストレスのあたらない場所だから、ホタテが養しょくできるんだなあと思いました。山の栄養分が多いし、夏でも雄勝の海はけっこう冷たいので、ホタテの養しょくができるんだなと思いました。分かった事は、ホタテの養しょくは、ストレスが少ない波がおだやかな海、植物プランクトンが多い海、冷たい海（寒流）でできるということが分かりました。漁師さんの知恵は、夏は海の水が温かいときは、うきに重りをつけてホタテを冷たい海水までしずめているところがすごい

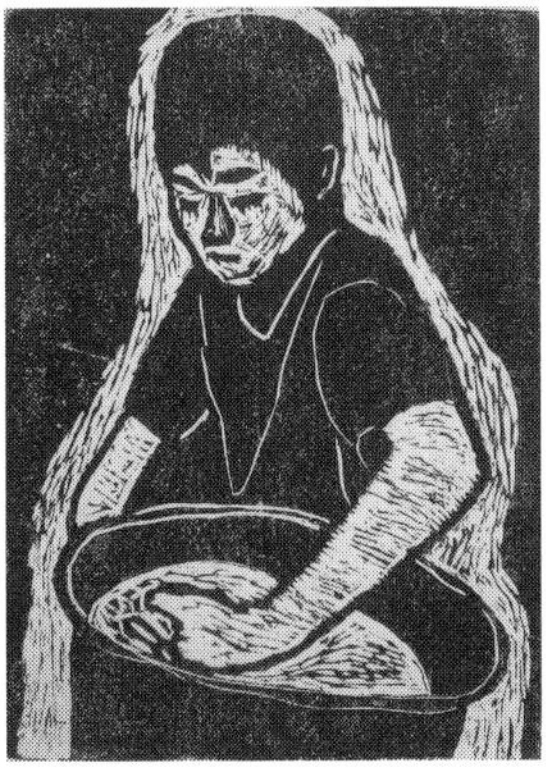

「稚貝をすくう自分」

「ホタテを持つ友達」

「採苗器を結びつける私」

「採苗器を持つぼく」

「大きなホタテにびっくりする友達」

と思いました。いろいろ頭を使っていると思いました。伊藤さんは雄勝が早く復興してほしいという気持ちで漁業をやっていることが分かりました。ぼくの雄勝の思い出は、水浜の祭りや雄勝の祭りです。ぼくは祭りが一番好きだったからです。雄勝の祭りだったら学校を休んでも行きます。だから雄勝が早く復興してほしいです。（龍司）

漁師さんはよく勉強していて、波がおだやかな内湾、山の栄養分が多い海、冷たい海水などの自然的条件を生かしてホタテの養殖をやっていることが分かりました。大変さも分かりました。漁師さんの知恵を知って、私は漁師さんはすごいと思いました。そんな漁師さんたちが作ったホタテはとってもおいしいです。少しでも雄勝を復興しようとしている伊藤さんを私は尊敬しています。私の雄勝が好きな所は、青いキラキラとした海と緑の山、とてもステキだと思いました。春には校庭の桜がさいてとてもきれいだし、夏になるとお祭りがあって、秋になると紅葉した木がたくさんあって、山がオレンジ色になり、冬になれば雪で真っ白になっている雄勝って、季節によっていろいろと変わっていくのをいつも見ていたので、とてもなつかしいです。そこが雄勝の好きなところです。でも三・一一で変わってしまったので悲しいです。それにいま雄勝に住んでいないので、美しい雄勝が見られませんが、雄勝は私の大好きなふるさとです。（七海）

森と海が関係があることが分かりました。あと森のふよう土の中には、チッソ、リン酸、ケイ素、フルボ酸鉄があって、それを植物プランクトンが食べることが分かりました。ぼくは雄勝をはなれても雄勝を好きだという気持ちをわすれません。雄勝の好きな所は海です。理由はいつもきれいだし、雄勝を代表するものだからです。前の雄勝にはもどれないけど、また新しい雄勝を観光の雄勝をつくってほしいです。（凌）

雄勝湾の海中の波はおだやかで、ホタテのストレスがたまりにくいことが分かりました。森は海の恋人という大切な運動があることが分かりました。森は人にとっても海にとっても大切な働きをしていることが分かりました。（朝陽）

いそ焼けの原因がウニの食害だったり、海水温の変化でなるのがびっくりしました。森と海はすごい関係があるのが分かりました。雄勝の海を全部知っていて、やっぱり雄勝の漁師さんはすごいなあと思った。ＯＨガッツでは若い人が働いていて、伊藤さんのあとつぎができてよかったと思いました。なぜかと言うとまたおいしいホタテが食べられるからです。（初華）

海底の砂地は波が来なくて、おだやかなことが分かりました。木をばっさいしたら森はなくなるし、海もきたなくなることが分かりました。石巻でもこういう木をばっさいする人は今すぐやめて欲しいです。（京）

私は森からチッソ、リン酸、ケイ素、フルボ酸鉄が海に運ばれて、植物プランクトンが増え、多くの魚たちが食べることが分かりました。だから森を大切にすることがわかりました。伊藤さんは故郷を残したいという気持ちがあるので、応えんしていきたいです。私は早く雄

勝を復興してほしいです。伊藤さんのレストランや民宿などの復興案はいい考えだと思いました。（栞奈）

実践を振り返って

雄勝の復興を目指して、活動を始めた伊藤浩光さんという漁師に出会うことで、子どもたちは故郷への愛着と復興への願いを強く持つことができました。特に遥斗君と春仁君の二人は、感想文に「ぼくもぜったい復興させたいです」と書いており、「当事者性」が育っていることを確認することができます。二人は二次産業の「加工」と三次産業の「販売」の体験活動を導入すれば、漁業の「六次化」など復興の方法論へと、学びを深めていく可能性を感じることができました。

また龍司君は、雄勝湾でホタテ養殖が成立する自然的条件（共通課題2の答え：波が穏やかな内湾、寒流の海水で冷たい、山の栄養分が豊か）を理解するとともに、その知恵を使って養殖を行っている漁師さんの知恵に感心し、尊敬の念を高めています。ここから伊藤さんの生き方は、子どもにとって、震災を乗り越えるための、自己形成の一つのモデルになっていることがわかります。

前年の六年生と比較すると、復興に参加する活動は行っていませんので、「自己有用感」を高めるまでには至っていませんが、どの子も故郷への愛をしっかり胸に刻んでいます。特に七海さんの感想文からは、もう帰ることはない「なつかしい」故郷の記憶を心に刻んで、「悲しく」ても、現実と折り合いをつけて、前を向こうとしているように見えます。

こうして、二〇一二年度の五年生の《地域復興を学び、復興に参加する総合学習》は、漁師の伊藤さんに出会うことで、震災と向き合ったり震災を乗り越えたりするための知恵、大げさにいえば復興思想を学ぶ場になったのでした。

最後に、本実践が、教科学習にどのような影響を与えたのかを述べます。年度末に実施した標準学力検査（ＣＲＴ）の結果は、四年生時に比べて国語二五ポイント、算数二〇ポイントも学級平均が向上し、両教科ともに九五ポイントで全国平均（一〇〇）に近くなりました。「本物の学び」を子どもが体に刻んでいけば、結果として学力は向上するのです。あえて「学力向上」策をトップダウンで下す必要はないのです。

さらに、石巻市教育委員会が実施したＰＴＳＤチェックリスト「ＩＥＳ－Ｒ」では、校内ではまだ一番数値が高い学年であることには変わりはありませんでしたが、前年度に比べてストレスの数値が一番下がった学年でした。《地域復興を学び、参加する総合学習》は、被災児の心のケアにも有効であることが実証されたような気がします。

本当の勉強と宮澤賢治

さて、地域復興に参加する主体を育てる《復興教育》と、全国一斉学力テストの点数アップを目的とする「学力向上」策の授業とは、何が違うのでしょうか。最後にそれを述べてみます。

それは「当事者性」の獲得と「学ぶ意味」の違いだといえます。地域復興に参加する主体を育てる《復興教育》は、問題解決のプロセスで学び方を身につけるとともに、生きることと学ぶことが一致するために、真に生きて働く学力を獲得するのだと考えています。

この点に関して、宮澤賢治の詩を引用して述べてみます。宮澤賢治の詩集『春と修羅』第三集に、「あすこの田はねえ」という詩があります。

花巻農学校で教えていた宮澤賢治は、理想と現実との乖離《かいり》に悩み、学校で教える理論や知識が農民の生活に役に立たない現実に心を痛めました。そこで理論と実践を一致させる本当の学問を求めて依願退職し、農民のための学校「羅須《らす》地人協会」を設立します。そして全ての人を幸福にするための芸術や宗教的救済思想を追求しながら、実践面では徹底して農民に寄り添った生き方をしました。寸時を惜しんで農業技術を教え、肥料の相談にも乗りました。

この詩には「一九二七、七、一〇」と日付が入っています。この時期の創作と推定されます。語り手（賢治）が、肥料の相談に来た農民の子に教えている場面を会話調で表現しています。

段下がり部分は、語り手（賢治）が農民の子の健気でやつれた姿を見て、哀れみ、励ましている内言です。

あすこの田はねえ　　　　　一九二七、七、一〇

あすこの田はねえ
あの種類では窒素があんまり多過ぎるから
もうきっぱりと灌水《みづ》を切ってね
三番除草はしないんだ
　……一しんに畔を走って来て
　　青田のなかに汗拭くその子……
燐酸がまだ残ってゐない？
みんな使った？
それではもしもこの天候が
これから五日続いたら
あの枝垂《しだ》れ葉をねえ
斯《こ》ういふ風な枝垂れ葉をねえ

むしってとってしまふんだ
……せはしくうなづき汗拭くその子
　冬講習に来たときは
　一年はたらいたあととは云へ
まだかゞやかな苹果《へいか》のわらひをもってゐた
いまはもう日と汗に焼け
　幾夜の不眠にやつれてゐる……
それからいゝかい
今月末にあの稲が
君の胸より延びたらねえ
ちゃうどシャッツの上のぼたんを定規にしてねえ
葉尖《はさき》を刈ってしまふんだ
……汗だけでない
　泪《なみだ》も拭いてゐるんだな……
君が自分でかんがへた
あの田もすっかり見て来たよ
陸羽一三二号のはうね

あれはずゐぶん上手に行った
肥えも少しもむらがないし
いかにも強く育ってゐる
硫安だってきみが自分で播《ま》いたらう
みんながいろいろ云ふだらうが
あっちは少しも心配ない
反当三石二斗なら
もうきまったと云っていゝ
しっかりやるんだよ
これからの本当の勉強はねえ
テニスをしながら商売の先生から
義理で教はることでないんだ
きみのやうにさ
吹雪やわづかの仕事のひまで
泣きながら
からだに刻んで行く勉強が
まもなくぐんぐん強い芽を噴いて

どこまでのびるかわからない
それがこれからのあたらしい学問のはじまりなんだ
ではさやうなら
……雲からも風からも
透明な力が
そのこどもに
うつれ……

この詩を読んだ時に、私の目の前の被災児たちの姿と、語り手（賢治）が語りかけている、涙で頬が濡れた農民の子の姿が、重なって見えてしかたがありませんでした。

語り手は、「これからの本当の勉強はねえ　テニスをしながら商売の先生から義理で教はることでないんだ」と語っています。「商売の先生」とは、教師の仕事を月給を稼ぐ職業と見なして、教科書的な知識を伝達する農学校の教員のことでしょうか。「義理で教はることでないんだ」とは、成績のためでしょうか。しかたなく勉強することではないのだ、それは「本当の勉強」ではないのだと、語り手は批判しているわけです。

語り手が批判した学校教育は、現在でも行われています。故・三上満さんは「あすこの田はねえ」を解釈した著作*の中で、「子どもたちの勉強が、テストのための勉強になっている。学校ぐるみあるいは自治体ぐるみ、県ぐるみで全国一斉学力テストの平均点をあげるような勉強をさせられている。子どもたちは何のためにやらされているのかわからない」と述べています。震災後に被災校に下された「学力向上」の勉強も、子どもたちにとっては学ぶ意味を持てませんでした。内面に苦悩を抱えた子どもが、学びたいと願う学びと大きなずれがありました。

＊『賢治　詩の世界へ』新日本出版社、二〇一六年。

では、語り手の語る「本当の勉強」とは、「泣きながら　からだに刻んで行く勉強」とは、何でしょうか。これこそが二〇一一年度の六年生や二〇一二年度の五年生が、自らの必要のために学んだ《復興教育》の学びではないでしょうか。彼らが内面に抱えるつらさや喪失感情と向き合う学び、泣きながらも震災の記憶と向き合い、整理していく学びではないでしょうか。さらに震災で壊された故郷を慈しみ、この故郷を再び創り直していくために何をなすべきかを考え、実際に行動する学びのことではないでしょうか。

語り手の「泣きながらからだに刻んで行く勉強」とは、まさしく子どもたちが学級全体で創り上げた《地域復興を学び、参加する学び》だったのだといえます。「からだに刻んで行く勉強がまもなくぐんぐん強い芽を噴いて　どこまでのびるかわからない」「それがこれからのあたらしい学問のはじまりなんだ」と、そんな素晴らしい学びを、君たちはやったのだと褒めてあげたいのです。そして、君たちのように故郷と向き合い、意味のある学びを目指すならば、必ずや「透明な力」を周りの人からも自然からも宇宙からも受けて、前を向く力が心の底から湧き上がってくるのだというメッセージを、賢治の詩に託して子どもたちにプレゼントしたいのです。
本実践を終えてから、河北新報の連載「透明な力を」で出会った詩でありますが、子どもの学びをそのように意味づけることができました。

〔参考文献〕

小川嘉憲著『「新たな荒れ」を子どものゆたかさに——大震災と児童連続殺傷事件の地から』かもがわ出版、一九九八年
徳水博志著『森・川・海と人をつなぐ環境教育』明治図書出版、二〇〇四年
岡田知弘著『震災からの地域再生——人間の復興か惨事便乗型「構造改革」か』新日本出版社、二〇一二年
西郷竹彦著『意味を問う教育』明治図書出版、二〇〇三年
大森直樹編　資料集『東日本大震災と教育界』明石書店、二〇一三年
民主教育研究所年報二〇一三（第一四号）『子どもとつくる教育課程』所収梅原利夫「教育課程づくりで地域復興の希望を」、金馬国晴「子どもの社会参加を考える——雄勝・徳水実践から」二〇一四年

大門正克他著『「生存」の東北史』大月書店、二〇一三年
仲田陽一著『地域に根ざす学校づくり』本の泉社、二〇一六年
河北新報社編『透明な力を』東京書籍、二〇一六年
三上満著『賢治　詩の世界へ』新日本出版社、二〇一六年
『社会科教育研究』No.131、二〇一七年、前田賢次著「地域をともにつくる教育実践の現状と課題」

第３章　被災児の心のケア

震災二年目、二〇一二年度の《復興教育》は、被災児の心のケアに本格的に取り組む必要性がありました。本章は、被災児に対する《心のケア》の実践記録です。

1 震災二年目から起きた〝新たな荒れ〟

震災二年目は、五年生九名（二学期転入一名含む）を担任しました。前章後半でふれた、震災前は一九名だったのが転校によって九名までに激減した学級です。全員が自宅を流されたために、仮設住宅や「みなし仮設」から通学していました。震災後の急激な生活環境の変化と狭小の仮設住宅暮らしで、子どものストレスはかなり高まっていました。

この年の五年生の特徴は、まずは異常な学習意欲の低下です。初めからできないと諦めている子が多く、課題に挑戦する気力が乏しいのです。授業の集中力は二〇分が限度でした。二〇分を過ぎると注意力が散漫になります。思考力を要する算数科では、〝考えると頭が痛い！〟と机に突っ伏す子もいました。また〝勉強なんか役に立たない！〟と投げやりな子もいました。

学級全体として異常にテンションが高く、おしゃべりが始まると際限なく続くのです。神経過敏でイラついて、「死ね！　殺すぞ！」と暴言を吐く子もおり、トラブルは毎日のように発生しました。石巻市教育委員会が前年度に実施したＰＴＳＤチェックリスト「ＩＥＳ－Ｒ」では、本学級は校内で一番高い数値を示していました。

このように震災後の〝新たな荒れ〟ともいうべき言動が五年生の特徴でした。一見、生徒指導上の課題に見えましたが、実は震災のトラウマ反応だとは後から気づきました。

学年当初、私は子どもの学びの要求に応える教科指導と生活指導を行えば、子どもは必ず変わるはずだという自信を持って臨んでいました。これまでの教師生活では、特に教科指導で子どもを変えてきたという自負があったからです。しかし二か月たっても三か月たっても、教科指導に手応えを感じないのです。子どもが学びの世界に熱中してくれないのです。教師生活で積み上げて自信を持っていた国語科と算数科の教科指導が、全く通用しないという事態に直面しました。

教師にとって一番つらいことは、子どもの心がこちらを向いてくれないことです。教師が提示した教材に子どもが熱中して、学び合い、真理や真実を探求し、新しい世界を獲得するという《教えと学びの応答の関係》＊をつくれないことほどつらいことはありません。

＊《教えと学びの応答の関係》とは、私が一方的に教える関係ではなくて、私も子どもから学び、「こんな感じ方や考え方もあったのだ！」と感動したり発見したりして子ども理解を深め、

お互いに学び合う関係のことです。

私の中の自信がガラガラと音を立てて崩れていくような感覚を覚えました。教師生活で味わう初めての危機。学級崩壊に陥った教師のつらさが、わかったような気がしました。

しかし、学級崩壊とは異なる、何かがあるとも直感しました。私の指示や要求に反発はしないし無視もしないのです。学ぶ意欲の問題でもないのです。学ぶ以前に、明らかに心身に何かの異常をきたし、〝心が何かに囚《とら》われている〟状態とでもいいましょうか。教師の指導を受け入れる器としての身体と心が、何か異常な状態に陥ったように見えました。こんな子どもの姿は、教師生活で初めて見る姿でありました。

そうであるならば、被災児が起こす問題行動は、もはや望ましい道徳性やモラルを身につけさせる生徒指導上の問題ではありません。学習指導方法の改善の問題でもないでしょう。それ以前の、別な問題としてとらえる必要があると考えるようになりました。

しかし、指導の見通しが見えないまま、一学期の通信票を書き終えると、夏休みを前に、私自身が一か月間の入院となってしまいました。震災後の過労とストレスで持病が悪化したのです。一学期を振り返ると、教科指導は全く手応えなし。前章で述べた《地域復興を学ぶ総合学習》だけが、唯一、子どもたちが熱中して取り組んだ学習でした。

震災以後、被災校では多くの学級で、授業が成立しない状態が続きましたが、客観的に見ると、実は五年生はまだ授業が成立している学級でした。しかし現状の授業に私が満足しなかったのです。教師と子どもの、教材を介した教えと学びが一致し、応答の関係が築き上げられた授業を行いたかったのです。

震災体験の自己省察

入院中は病室で、二学期からの対策を練ることに徹しました。入院前にB子さんがくれた手紙が励みになりました。

「お体大丈夫ですか。来週から入院ですね。私は多分、先生がいることになれていますが、先生がいないことになれていません。なので一日でもはやく退院するといいなあと思っています。お体をだいじにしてください」。

B子さんのように不安を抱えている子どものそばを離れることは、心苦しい限りでしたが、ここは休むと割り切るしかありませんでした。この手紙を励みに、まず考えたことは《子ども理解の転換》であります。震災後に私たち被災者の身に起きた出来事は、すべて未体験の出来事でした。地域の壊滅、累々と転がる遺体、飲まず食わずの避難所暮らし、遺体との対面、土葬、極狭小の仮設暮らし等々、すべてが未体験で過酷なものでした。つまり被災者は、子どもも、親も、教師も、かつて経験したことがない《未体験ゾーン》に入ったわけです。

そう考えると、目の前の子どもは一〇〇〇年に一度の大災害を体験して、特有のトラウマ反応を見せているはずと理解できました。だからこそ、「教師生活でかつて見たことがない子どもの姿」だったわけです。私の経験知がもう通用しないのは、当たり前だったのです。

そこで、子どもは震災がらみの、何かの病理を発症しているのではないのか、という見方に転換しました。これが《子ども理解の転換》という意味です。生徒指導上の問題として見てしまうと、対応を誤ることにも気づきました。「生徒指導上の問題」ととらえることで、実際に子どもとの間で信頼関係を築けなくなった教職員もいました。

となると、被災児が見せる震災がらみの病理とは、震災のトラウマやグリーフ（喪失感情や悲嘆感情）であり、それをケアするためには、これまでの学校教育の範疇《はんちゅう》を超えた新しい教育方法を、開発しなければならないと考えるようになりました。

今のままだと、五年生にとって、震災体験はただのマイナス体験です。被災の体験から何かを学び、プラスに転じることが必要だと考えるようになりました。そのためには新しいケア的教育実践の必要性を痛感しました。そこで次のような「仮説」を立てました。

私は、子どもたちが、その抱えている悲しみやつらさなどを表現できず、不安やイライラに襲われ、それから逃れるために、さまざまな異常行動を繰り返しているのではないかと考えてみました。もしそうであるなら、子どもたちが内面に抱えているものを語らせ、絵や言葉で表現して、対象化すれば、前を向く力を得て、学習意欲や生活意欲が回復するであろうと考えました。

しかし、実践のモデルはどこにもありませんでした。西宮市の小川嘉憲先生に依頼して、阪神・淡路大震災時の実践を探していただきましたが、教師によるケア的教育実践はどこにも前例がありませんでした。

ところが、意外にも、私の被災体験からの回復プロセスの中にこそ、ケア的教育実践の手がかりがあったのです。震災直後の私は、目の前で信じられない出来事が起きたために、現実を受け止められず、茫然《ぼうぜん》自失の状態でした。自宅を流され、義母を亡くし、パソコンデータなどの教育実践記録の一切を奪われた結果、もう教師を続ける気力が失せていました。典型的な急性のトラウマ反応を示していたのです。心の中では慚愧《ざんき》の念・絶望感・不条理感・悲痛・悲憤など様々な感情が、複雑に絡んで渦巻いていました。

昼間は心に蓋《ふた》をして、水や食料調達と義母の遺体探しに動き回りますが、夜になって我に帰ると突然涙が溢《あふ》れたりしました。自分の感情を自分でコントロールできないのです。今後もこの状態が続くことは耐えがたい苦痛でした。

そこで自分のトラウマ感情を一つひとつ解きほぐし、言語で対象化し、整理する作業に取りかかりました。その作業なしには正気を保てないような気がしたからです。約三か月にわたる自己省察の結果、私のトラウマとグリーフ（喪失感情）の正体が見えてきました。そのグリーフの本質とは、家や財産などの物質を失ったことではなくて、生活空間であった地域を丸ごと流されて、地域とのつながりが切れたという《関係性の喪失》だと認識するようになりました。

その認識に到達すると、不思議なことに、前を向く気力が少しずつ湧き上がってきて、《復興教育》を立ち上げるに至ったのです。実は私の抱えるトラウマとグリーフを対象化し、自己省察したプロセス（詳細は第4章参照）の中にこそ、ケア的教育実践の手がかりがあったのです。

そのケア的教育実践とは、子どもが内面に抱く苦悩、喪失感情そのものを教材化すること。子どもに寄り添って、心の不安や叫びを聞き取り、受け止め、表現させ、そして前を向く力を育てることだと考えました。

しかし、実践の手がかりはつかめても、これまで誰も手掛けていません。未知の世界に踏み込む恐れを抱きながら、手探りで行うしかありませんでした。

被災児の心のケアの方針

まず被災児の心のケア的教育の方針を立てました。被災児は、自宅、地域、親兄弟を失って、人生が一八〇度激変しました。どんなに泣き叫んでも家族は帰ってはきません。どんなにあがいても、元の世界には戻れないのです。これが峻厳《しゅんげん》な現実でありました。まだ一〇歳にも満たない年端《としは》のいかぬ子どもに、このような過酷な現実が突きつけられたのです。厳しくても子どもは、震災とどこかで折り合いをつけねばなりません。「震災のせいで私の人生は狂った！」

と投げやりな考え方をする子どもにだけは、育ってほしくありません。何か教師にできることはないのでしょうか。

私自身の自己省察の経験から、私はこう考えました。子どもが震災から受けた悲しみ・つらさ・喪失感情などを語り、言語や絵画表現などで《対象化》し、《意味づける力》を獲得すること、そして、人生の新たな「物語」を描き直して、失ったものとのつながりを《再構築》することが必要である、と考えたのでした。そこで、次のような学びを設定しました。

①子どもが抱える苦悩や喪失感情を整理して、表現する学び（対象化）、②震災を人生の一部として引き受けて、自分の震災体験の意味を問う学び（意味づけ）、③震災をただの不幸なマイナス体験にせず、人生の「物語」を新しく描き直し、プラスに転化するような学び（関係性の再構築）、を与えるというものでした。*

＊癒《いや》しを得るためには喪失感情を《対象化》して、《意味づける》ことが必要です。それが可能になれば、次のステップは失ったものとのつながりを《再構築》することが必要です。詳しくは第4章で述べます。

この新たな教育実践を、《震災体験の対象化》および《意味づける学び》と名づけました。こうして震災二年目は、《復興教育》に「震災と向き合い、意味づける学び」を追加しました。病休明けの二〇一二年九月から、本格的に子どもの心のケアに取り組みました。

ところで、心のケアは、子どもを取り巻く世界との切れたつながりを再び回復させる《関係性の再構築》を目指しますから、次のような《復興教育》の構想を立案しました。①自分の被災体験を対象化し、表現する実践（心のケア）、②地域復興を学び、復興に参加する実践、③身近な家族とつながり直す実践（肉親の死を受容し、死者とつながるケースも）、④学級集団とつながり直す実践、⑤震災遺児のセーフティーネットを学ぶ実践です。

2　震災と向き合い、意味づける学び——震災体験を記録する

二学期初めに、転校先からA子さんが戻ってきました。転校先で不登校に陥り、再び雄勝《おがつ》小学校へ戻ってきた子です。登校時、祖母の車から、泣きながら降りてくるA子さんの姿は、痛ましい限りでした。そういえば、震災当日から三日間は、家族の安否がわからずに、避難所で泣き続けていた子でした。再転入後はしばらく保健室登校が続きました。「よし！　この子のためにも新たな教育実践を立ち上げよう」と覚悟を決めました。それが教科学習（国語科・図工科）と学習発表会と総合学習で取り組んだテーマ「震災体験を記録しよう」でした。

そのねらいとは、子ども自身が震災と向き合い、震災体験を《対象化》し、その体験を《意味づける》ことを通して、震災と折り合いをつけ、前を向こうとする意思を育てることでした。

実践の構想は持っていましたが、活動の構成は、その都度手探りでした。
小学生は心と体がまだ未分化です。自分の内面を言葉で語ることはかなり難しいことです。したがって言語以外にも、絵に描いたり立体で表現させたりすることが必要だと考えました。
九月……震災体験の俳句と作文（国語科）、一〇月……震災体験の朗読劇（行事・学習発表会）、一二月……震災体験の時系列による絵本制作（総合）、一月……ジオラマ制作（総合・図工科）、二月……木版画「希望の船」の共同制作（総合）
初めからこの構想を持っていたわけではありません。手探りで実践した結果、終わってみるとこのような活動構成になりました。

震災体験の対象化（国語科）

俳句で表現

小学生にとって、言葉で自分の内面を対象化して表現することは、大変難しいことです。そこでまず短文で入ろうと考えて、五七五の俳句から入りました。

九月の「震災体験の俳句と作文」では、導入部で朝日新聞記者の小野智美氏の著書『女川《おながわ》一中生の句あの日から』（二〇一二年、羽鳥書店）の中から俳句を紹介しました。あの大川小学校で次女を亡くされた佐藤敏郎先生が、女川第一中学校で行った国語科の授業実践です。その中学生の俳句を慎重に紹介して感想を聞いたところ、子どもは震災を語ることに特に抵抗感を見せることはありませんでした。女川一中生の俳句が、家族への愛や故郷への愛に触れたものが多かったからでしょう。そこで、君たちも震災体験を俳句（季語なしの五七五調）にしてみようと提案しました。子どもがつくった俳句には、女川一中生に触発されたのか、家族がよく出てきました。

なによりも　家族が一番　大切だ
生きていて　すごくよかった　本当に
家族がね　大切にしている人は　家族だね
ひなんじょで　えがおを見れた　うれしいな
雄勝小　あの日経験したこと　わすれない
あの人に　言えばよかった　ありがとう

この俳句づくりに安堵感と手ごたえを覚えて、いよいよ震災体験を作文に書くことを提案しました。

作文で表現

震災作文の内容は特に指示はしないで、自由に何を書いてもいいと説明しました。また、作文そのものを書かない自由もあると伝えました。

一年半ぶりに震災の記憶と向き合うことは、つらかったでしょうが、学級の仲間がお互いに聞き役になってくれました。つらさをわかり合える仲間の支えが、震災体験と向き合うつらさを軽くしてくれたようです。一人ではつらいが、みんなと一緒なら書ける。子どもは記憶を確かめ合い、語り合いながら、震災の記憶を想起して書いていました。すると、作文には教師が知らなかった事実がたくさん書かれていて、私たち教師集団は強い衝撃を受けることになりました。

自宅に忘れた犬を助けに帰り、津波に追いかけられて九死に一生を得た子、高台から故郷の街並みが流される様子を見て恐怖を感じた子、巨大地震の揺れから難を逃れた後に聞こえてきた大津波警報のサイレンに〝次は死ぬんだ〟と死を恐れた子、親と離れ離れになり親の死を覚悟した子など、その震災体験は想像以上に過酷でつらい内容でした。

一方で、家族が一番大切と再認識したこと、避難所でふれた人々の優しさ、みんなのために避難所で働くリーダー役の人への尊敬の念など、人間を信頼して肯定する内容も書かれていました。先ほどふれたA子さんの作文を見てみましょう。

「三月十一日のあの日」

A子

三月十一日のあの日、私は三年生でした。

その時、私は初華《しょか》さんと七海《ななみ》さんと伊藤良くんと一緒に下校していました。ゲラゲラ笑いながら歩いていると「ゴオーゴオー」と大きな音が鳴りました。私は、「あっ、地震だ。」と言いました。回りを見ると電信柱がぐらぐらとゆれていました。私は恐くて怖くて、ふるえていました。みんなで、「どうする。走って逃げる。」と相談していた時、ガソリンスタンドの人が私たちの方に（助けに）来てくれました。そして、消防署の方へ行くと（大津波警報の）サイレンが鳴り出しました。（津波に流されて）私は、死んだなと思いました。そしたら、社会福祉協議会のみなさんが雄勝小学校まで車で連れて行ってくれました。

その後、みんなの家の方たちがむかえにきました。私は初華さんのおじいさんが来るのを見て、やったあと思いました。なぜなら家に帰れると思ったからです。でも、先生たちに、「本人の親じゃないと、帰れません。」と言われてショックでした。そして、私の親はむかえに来ませんでした。

その後、校庭から新山神社にひなんしました。それで何分か待っていると、津波が見えました。私は今度こそ死ぬんだと思いました。そして、山を登ってクリーンセンターに向かいました。クリーンセンターに着いた時は、助かったと思い、嬉しかったです。でもやっぱり親が心配でした。

一泊して次の日は、雄勝森林センターにひなんしました。長い道だったけど、瓦礫《がれき》の中を歩いてがんばりました。そして、私の家の近くの元雄勝小学校校長先生とお兄ちゃんがむかえに来ました。私はとってもとっても嬉しかったです。

でも、おばあさんとおじいさんが来ていないので、死んだのかなと思いました。そしたら、生きていました。会ったときは大泣きしました。

私はガソリンスタンドの方、消防署の方、社会福祉協議会の方などに感謝しなきゃと思いました。そして私は雄勝がまた復興しますようにと願っています。（二〇一二年九月一〇日）

すでに述べたように、A子さんは、震災から一年が経過した五年生進級時に、仮設住宅から通いやすい石巻市中心部の学校に転校したものの、転校先で不登校となり、二学期から雄勝小に戻ってきた子です。学習面では元々理解力は持っていましたが、学習意欲が湧いてこなくて、授業にはつらそうに参加していました。まだ前を向けない状態でした。

作文では、地震と津波への恐怖から、三度、自分と家族の死についてふれています。親の安否への不安感も伝わってきます。

深読みすれば、この世に中学生の兄と二人取り残されたのではないか、という不安感も読み取ることができます。小学生が震災と向き合って、自分の感情を整理して言葉に直すことは、とても困難な作業ですが、A子さんはよく書けています。

震災から一年半後の作文ですが、恐怖や不安という感情を《対象化》しています。少しずつ震災の記憶と向き合いながら、心を整理しているように見えます。言語による《自己対象化》が役立っているわけです。最後の行に、社会福祉協議会の人などへの感謝の思いと雄勝復興への願いをきちんと書いています。気持ちに少しゆとりが生まれたようで、ここに前向きになりつつある兆候を読み取ることができます。

この震災体験の作文は、まずは保護者に読んでもらうことが先決と考えて、家庭に持ち帰らせました。そしてわが子へ手紙を書いてもらいました。実は震災当日、親子離れ離れの家庭が多かったのですが、震災当時の出来事をお互いに気遣って、これまで語っていませんでした。作文を読んで、親は初めてわが子が抱えていたつらさや喪失感情を知ることになり、作文をきっかけに、わが子のケアに踏み出すことになりました。

ここで役割分担ができました。親は子どもに寄り添い「安心・安全」を保障すること。教師の私は、言語や絵画表現によって、《対象化の力》と《意味づける力》を育てることを目指しました。

震災作文の交流と《意味づけ》

子どもの震災作文は、国語の授業で読み合って交流しました。保護者の了承を得て、保護者

ました。（以下省略）　龍司
＊校門前の書店。

龍司君の行動をみんなで考えました。龍司君にとってはペットの犬は、大切な家族という意味を持ちます。助けることは当然かもしれませんが、津波がやって来た状況を考えると、誰でも躊躇《ちゅうちょ》します。それでも犬を助けに家に戻った龍司君の行為は、「愛すべきものを命をかけて守った行為」と《意味づける》ことができます。

龍司君の行動には共通点があります。津波が去った次の朝、瓦礫の中をお母さんやお父さんを探しに行った行動です。龍司君にとっては親が心配でたまらなくなり、探しにいく行為は当たり前の行動でしょうが、他者からみると「親への愛」の強さから出た行為と解釈（意味づけ）できます。この龍司君の二つの行動は人間の真実を表しており、普遍性を持っています。

このように震災作文の中に出てくる子どもの行為や行動を、級友という他者の目で解釈していきます。これが《意味づけ》です。つまり《意味づけ》とは文章の解釈です＊。他者の目で解釈すると、本人が気づかない意味や価値を、他者の目で発見できるという利点があります。授業では私の解釈を例示しながら、子どもの解釈を引き出すようにしました。発言は少ないけれど、子どもの思考は働いていました。

＊《意味づけ》については、詳細は西郷竹彦編集『文芸教育』八四号（新読書社、二〇〇七年）

をご参照ください。

次に「大震災がみんなからうばったもの」、「大震災でさえみんなからうばえなかったもの」という対比的な観点を与えました。すると子どもから活発な発言が出てきました。

「大震災がみんなからうばったもの」は、「雄勝の家、町、仕事、持ち物、命（人、生き物）、写真や思い出の記録」という発表が出てきました。「大震災でさえみんなからうばえなかったもの」は、「雄勝の土地、家族、人とのつながり（親子の愛、住民同士の助け合い）、自分の身体、自分の命、雄勝復興の願い、仲間、前向きな心、感謝の心、震災の記憶」という発表が出てきました。

この対比的な観点の提示のねらいはこうです。四六時中、つらさや喪失感情やイライラに心が支配されているならば、否定的な感情しか自分の心の中には存在しないと思ってしまいます。一度その否定的感情を突き放し、《対象化》して客観的に見るならば、もう一つの肯定的な意思や感情（家族愛・復興への願いなど）が心の中に存在すると気づくことができます。

例えば、龍司君の翌朝五時の行動ですが、親は死んだかもしれないと龍司君は泣きながら探しに行ったかもしれませんが、他者から見れば、龍司君の強い「親への愛」に感動します。友達から「親への愛」の行動と解釈（意味づけ）してもらうことで、龍司君は他者の目で自分を見つめるというもう一つの見方を獲得します。こうして自分の見方を変えていきます。そこから自分を再構築していきます。

この事例は、鳴瀬未来中学校教師の制野俊弘さんの「《命とは何か》を問う授業＊」でも出てきます。亜美さんという子が、自分の作文を読んでくれた級友の目を通して、本当の自分の姿に気づいたことを次のように書いています。

＊『命と向きあう教室』ポプラ社、二〇一六年、一五七ページ。

わたしはこの授業を通して自分を見つめ直すことができました。そして、自分の知らない本当の自分を知りました。

これが他者の目による作文の解釈（＝意味づけ）の結果に得た、新しい自分像です。中学生に比べると小学生が友だちの作文を解釈する力や自分を見つめる力（自己対象化）は、まだまだ幼いものですが、それでも一時間一時間の授業の積み重ねが、後述する龍司君の「希望の船」の「感想文２」（一五九ページ）に反映されています。龍司君は震災で死んだ人の命を《意味づけ》ています。本書のまえがきの七海さんの詩「わたしはわすれない」もそうです。自分にとって震災とは何だったのかと意味を問うて、震災を《意味づけ》ています。授業の積み重ねによっては、小学生でもここまで到達することができるのだと、あらためて《対象化》と《意味づけ》の授業に確信をもちました。

さて、震災作文の読みの交流は、次のようにまとめて、励ましの言葉を送りました。

「大震災が奪ったものはたくさんあるけれど、大震災でさえも奪えなかったものが、自分の心の中には残っている。君たちの心の中には誰でも幸せを願う心があり、家族を思う気持ちもある。さらに故郷の復興を願う気持ちもある。もう一人の自分に気づけば、そこから前を向く力が湧き上がってくるのではないでしょうか」。

授業のまとめは普通、作文を書いて終わるのでしょうが、私は躊躇しました。震災と正面から向き合って二度目の作文を書くことは、これ以上は避けたほうがいいと判断したからです。心と体がまだ未分化な小学生には、これ以上言葉で語ることは、かえってマイナスであると思えたのでした。

というのも、読みの交流授業の前半部（日本社会事業大学生の参観授業）では、子どもが思いを言葉にできないもどかしさを、表情に浮かべていましたし、言葉を絞り出すように、苦しげに語る子どもの姿を見たからです。もっとゆるやかに震災と向き合う手立てが、必要であると考えたからでした。

そこで授業のまとめは、作文の代わりに、導入授業と同じく五七五の俳句でまとめさせました。

もうくんな　津波や地震　もううんざり　京《けい》

わすれない　みんなのやさしさ　どんな日も　七海

わすれない　あの日起きた　震災を　初華《しょか》
大津波　一生来るな　雄勝にな　朝陽《あさひ》
ありがとう　いままでの豆腐　おいしかったよ　七海
家族から　うばったものを　取りもどそう　龍司
まけられない　しんさいなんか　ぜったいに　遥斗《はると》
友だちを　一度でも守ってあげたい　ぜったいに　ぜったいに　凌《りょう》
（春仁、栞奈《かんな》欠席）

俳句の解釈を一つだけ紹介します。最後の凌君の作品です。「友だちを　一度でも守ってあげたい　ぜったいに」は、亡くなった友達のことを語っています。強調するために後から「ぜったいに」を付けたくなったようで、五五七五になっています。

実は雄勝小学校の一、二年生は、地震が起きた一四時四六分よりも先に帰宅していました。そのうちの一人、二年生の男子Ｎ君が、家族四人と津波に流されて亡くなっています。病気で寝たきりのお祖父さんを一人置いて山に逃げることができずに、自宅の二階に避難したところ、家ごと流されてしまったのでした。

このＮ君と凌君は大の仲良しでした。この句には友達を助けられなかった悔しさが、「ぜったいに」に込められています。ただそれだけではなくて、これからできた新しい友達は、今度こそ「一度でも」いいから、「ぜったいに守ってあげたい」という二重の意味が込められているように読むことができます。

さて、この震災作文の授業には四時間を使いましたが、俳句でまとめを行った授業の後に、七海さんが「わたしはわすれない」という詩を自発的に書きました（文芸の創作）。本書のまえがきの冒頭の詩です。この詩の解釈を私なりに述べてみます。もっと素晴らしい解釈（阪神・淡路大震災体験者による解釈）がありますが、後で紹介します。

本書冒頭に掲げた七海さんの詩をもう一度読んでいただけるでしょうか。七海さんは自分の震災体験を《対象化》し、震災とは自分にとって何だったのかと、震災という出来事の意味を問うて、震災を《意味づけ》ています。震災で奪われたものがある反面、震災でも奪われなかったものがあることを具体的に挙げています。その記憶を心に刻みつけ、震災を後世に語り継いでいく固い決意と力強く歩む決意を述べています。

「わたしはわすれない」を類比（繰り返し）するたびに、語り手であるわたし（七海さん）の意志がだんだんと強くなっていく効果があります。一つひとつの具体的で大切な記憶が、最後の「大震災の記憶のすべてを」に収斂《しゅうれん》されて、固い決意となって結実しています。そしてまた第一連の「わたしはわすれない」につながり循環します。読者が読み直すことで、固い決意がますます強調されて、七海さんの決意が読者に伝わるという詩です。

これが、国語（作文と文芸創作）の授業における《対象化》と《意味づけ》という教育実践でした。

震災体験の朗読劇（学芸的行事）

一〇月の学習発表会では、故郷の復興を祈る五・六年生合同の「朗読劇・ふるさと復興」を発表しました。朗読劇の台本は、子どもの震災体験を語る作文の朗読とＪＲ東京駅舎の復元物語を織りまぜて創作しました。台本には津波で流されずに、瓦礫の中から見つかった雄勝石のスレート材が、地元の職人さんの手作業によって、復元中のＪＲ東京駅舎の屋根材に使われたこと、丸の内駅舎の地下街には、雄勝町の全小中学生が描いた富士山の雄勝石絵が展示され、雄勝復興を全国に発信したことも盛り込みました。

この朗読劇で子どもが語った震災作文には、震災から受けた傷をえぐり出すような悲惨な光景も含まれていました。六年生のＢ子さんは、「私は亡くなった人の遺体を見てしまいました。目玉が飛び出していて少し怖かったけど、とてもかわいそうだと思いました」と語ったのです。

五年生の龍司君は津波に追いかけられて難を逃れた後に、母親との電話の会話を思い出して次のように語りました。「津波の後に一瞬思い出したのが、お母さんの『うん、わかった』という言葉でした。あの『うん、わかった』が最後の言葉となったのかなあと思いました」と、母親の死を覚悟した思いを語ったのです。震災の記憶と向き合うことは、子どもにとって過酷なことだったと思います。

　私の震災の記憶を少し語るとすれば、学校に残っていた子ども三七名を、裏山に避難させて助けることができたのは、本書の冒頭で述べたように、ほんの偶然に過ぎなかったという事実に直面します。

「もしあの時、佐藤麻紀さんの強い声掛けがなかったなら、全員の命はなかったはずだ！　助かったのは、ほんの偶然に過ぎない！」そう考えると、私も心がざわつき、どうしようもない不安に襲われます。震災の記憶と向き合うことは、こんなにもつらいことなのです。まして子どもにとっては過酷なことだったに違いありません。

　本実践に対して、保護者からクレームは聞こえてきませんでしたが、会場からはすすり泣きの声が響きました。朗読劇は、観客にかなりの衝撃を与えたようでした。一方、発信者である子どもの反応は次のとおりです。朗読劇の終了後、五年生の凌君は新聞のインタビューにこう答えています。

「震災とか、石絵のこととか、俺たちにも出来ることがあるんだって、全国に伝えたかった」。同じく五年生の七海さんは、「津波を思い出すのは怖いけど、震災を忘れるのはもっと怖い。当時の大変さや命の大切さを伝えていかなきゃいけないのです」と答えています。子どもが震災と向き合い、震災を避けずに、前を向こうとする意思が育ってきていることを確認できて、朗読劇を企画した者として、ほっと胸をなで下ろしたというところでした。

しかし、このような過酷な体験を扱う実践に対しては、子どもの心の傷口を広げるのではないかと危惧《きぐ》する声があるのも確かです。私自身も逡巡《しゅんじゅん》しながらの実践でした。今回の朗読劇が果たして教育実践として妥当だったかどうか、被災児の心のケアの教育実践はどうあればいいのか、という問題意識はずっと抱えたままでした。

3　桑山医師との出会い

そんな時に出会ったのが、二〇一二年一〇月一四日付朝日新聞の記事「津波の記憶　向き合い克服を」に掲載された、東北国際クリニック心療内科医の桑山紀彦先生です。桑山先生はNPO法人「地球のステージ」を立ち上げて、名取市閖上《ゆりあげ》地区で被災した閖上小・中学生の心のケアに取り組んでいました。「子どもがつらい経験をもっと話せるようになることが必要です。そのためには学校が語り合える場を作ってほしい」。この記事を読んで、「これだ！」と思い立ち、さっそく桑山先生に会いに、名取市まで出かけていきました。そして、被災児の心をケアする方法である「心理社会的ケアワークショップ」について、教えていただくこととなりました。

「心理社会的ケアワークショップ」について

「心理社会的ケアワークショップ」とは、桑山先生がノルウェーのオスロ大学に留学して学んだケアプログラムです。戦争や災害から心に傷を受けた子どもの心のケアをするもので、PTSDの予防を目的とします。子どもが震災体験を表現し、心の整理をし、心に抱える感情をはき出し、受け止めてもらえる場を提供するものであり、その方法論が「心理社会的ケアワークショップ」であります。

このケアプログラムのねらいは次の二つです。私が理解できた範囲内で説明します。

1　PTSD（心的外傷後ストレス障害）の予防（マイナスからゼロへ）。

2　被害を乗り越え、さらなる自信の構築（ゼロからプラスへ）。

震災一年目は、心的外傷後ストレス障害（PTSD）の予防的ケアを目的に、心理的内面を表現しやすい平面的表現を用いて、「テーマについて絵を描く」「震災体験の物語づくり」など想像力を使って自己表現活動を行っていきます。次に「粘土で作品制作」「針金制作」「ジオラマ制作」などの立体的表現へ発展させていきます。この表現活動をとおして、震災の記憶と向き合い、心に抱える感情をはき出し、受け止めてもらえ、そして抜け落ちた「記憶を時系列で整理する」ことで、PTSDの予防ができるというものです。

ワークショップを行う教室には、三つの作品が展示されていました。「震災以前の街のジオラマの制作」、「あの日、自分たちが見たものを粘土で制作」、「自分たちが住みたい未来の街の制作」の三つです。

桑山医師は医学の知見から、心のケアを「症状中等度～重症→治療」、「症状軽度→カウンセリング」、「病状なし→心理社会的ケアワークショップ」の三段階に分けていました。前者二つは医療行為であり、医師やカウンセラーにしかできないケアでありますが、「心理社会的ケアワークショップ」は、子どもといつも一緒にいる学校の教師や保育士、看護師などが適任であると教えていただきました。

桑山先生の説明をさらに聞いていると、「心理社会的ケアワークショップ」の目的を教育の側から受け取り直すならば、私が目指している震災体験の《対象化》、そして《意味づけ》と、目的が重なるところがあると理解できたのです。私が試行錯誤で取り組んだ震災体験の俳句と作文と読みの交流、そして創作劇は、間違いではなかったことに安心し、方向性に確信を持つことができました。そして言葉での表現が難しい小学生には、絵画表現や立体表現が有効であることも理解できました。ただし「安心と安全」が確保された場所という条件設定と、教師側にも高い人間的スキルが必要だと理解できました。

その人間的スキルとは、受容的な態度で、押しつけず聞き出さず、しなやかに聞き役に徹して、子どもが語りたいことだけを柔らかく受け止めて、共感していく人間的な感受性の能力です。さらに子どもの表情や仕草を注意深く見取りながら、言葉にならない内面の思いを洞察する力です。さらにまた、一人の子の思いを他の子の思いとつないだり、集団全体に広げたりして共感の輪を広げ、自由でしなやかな空気が支配する世界をつくり出す、人間的で豊かな想像力です。

これはまさしく授業です。授業の中でも特に文芸（文学）の授業です。人間の真実を描いた文芸（文学）教材を、一人ひとりの読みをつなぎながら読み深めていく、国語科の文芸（文学）教育と、多くの共通点があると理解できました。

こうして桑山先生との出会いによって、心のケアの教育実践の目的と方法論に確信を持つに至ったのでした。また心的外傷からの回復プロセスを論じたジュディス・L・ハーマン著『心的外傷と回復（増補版）』（みすず書房、一九九九年）も紹介してもらいました。ハーマンは、心の傷からの回復プロセスを、第一段階「安心と安全の確保」、第二段階「語りと服喪追悼」、第三段階「社会との再結合」と捉えていました。紙幅の制限のため説明は省きますが、この捉え方は大変参考になりました。

そこで五年生に対して、「心理社会的ケアワークショップ」の中の一つ、「記憶の時系列的整理」と「ジオラマ制作」を導入してみようと考えました。これなら学校の教師にでも実践可能に思えたからです。ただし、すでにＰＴＳＤを発症した子には有効ではない、と桑山医師は言われていますので、別の目的で活用しようと考えました。それは、震災作文のまとめの段階で感じたことです。言葉の表現に代わる、ゆるやかに震災と向き合って記憶を《対象化》する手立てが必要だと考えていました。ですから教育的直感から、「記憶の時系列的整理」と「ジオラマ制作」は、震災体験の《対象化》の手段として、使えそうだと判断したのでした。

記憶を時系列に記録する「絵本制作」（国語科）

桑山医師に学んで取り入れた実践は、二〇一二年一一月から実施しました。まず抜け落ちた記憶を時系列で整理する目的で、「絵本制作」を行いました。すでに九月の段階から絵日記を用いて記録させた活動が、ここで役に立ちました。

巨大地震と巨大津波に遭遇した時の様子と、その時の感情、さらに避難所から仮設住宅に落ち着くまでの半年間の記録を、絵やイラストを用いて、「時系列」で書かせて、「記憶を整理」させていきました。

子どもにとっては、抜け落ちたり曖昧《あいまい》だったりする記憶と感情〔ADCEB〕を、時系列に〔ABCDE〕と並べ直す作業です。それは自分一人だけではできない作業でした。避難所で一緒に過ごした友達に確認しながら、〝こんなことがあったよね！　そうだった！〟と語り合いながら、お互いに記憶を補って絵本を描いていきました。

この記憶と感情を時系列で整理する作業は、お互いの体験を共有し、受け止め合う場にもなりました。こうやって子ども同士で、心に抱えるつらさを軽くしていきました。絵本の最後のページには、子どもの震災作文と、我が子の作文を読んで書いてもらった保護者の手紙を貼付しました。

例えば、ある子は、地震から津波到来までの出来事、次の日の出来事、避難所へ移動、仮設住宅への引っ越しまで、約五か月間の出来事をＡ４版に一二ページも書いていました。多く書いた子ほど、記憶と感情が整理されているようでした。中にはあまり書けない子もいました。次に述べるＫ子さんです。Ｋ子さんには無理をさせないで、思い出したくないことは書かなくていいよと配慮しました。

作文を書いたＫ子さんのこと

続いて「ジオラマの制作」に入りました。「震災前の自宅周辺のジオラマ」、「住んでみたい新しい街」を制作しました。その他に、震災前の雄勝の記憶を回復させるために、木版画「私の宝物」の制作を行いました。この「ジオラマ制作」と木版画「私の宝物」によって、心のケアが特に促進された子はＫ子さんです。Ｋ子の事例を具体的に紹介します。

母親の話によると、Ｋ子さんは震災一年目の四年生時、震災を題材にした作文を書くことを大変嫌がって、書くことができなかったそうです。五年生の九月に書いた震災作文から、ようやく震災と向き合えるようになったのでした。まず作文から紹介します。

一年半がたった今

五年　K子

震災から一年半がたちました。私のふるさとの石巻市雄勝町は、今でも瓦礫の山がたくさんあります。私の家があった場所にも、瓦礫の山やコンクリートの山があります。

あの三月十一日の大震災は、何と言っても忘れられない日です。あの時、私は家にいて、宿題をやろうとしていました。ランドセルから宿題を出したその時、地震が起きました。ゴオオー！　ガタガタ！　と聞こえたので、すぐにテーブルの下にかくれました。地震は二、三分、いやもっとかもしれません。長い時間、大きいゆれが続きました。地震がおさまって有線放送から大津波警報が出されました。

私はお母さんとすぐに車で大おばさんをむかえに行って、その後に学校まで、お姉ちゃんをむかえに行きました。そして、船戸の山に逃げました。何分かたった時、「津波だ！　津波が来たぞ！」という声が聞こえたので、すぐ車をおりて山に登りました。

山から私が見た光景は、とんでもない光景でした。もう今までのにぎやかな雄勝の町は黒色の海にのまれていました。私はその光景を見るのが一番つらかったです。山に逃げた私たちは地区の人達と雄勝火そう場に集まって、津波がひくまでひなんしました。

その三日後に、お父さんがむかえに来てくれました。私はすごくうれしかったです。お母さんといっしょに、「帰って来てくれて、よかったね。」と言いました。

その後は河北町のいとこの家に移って、住まわせてもらっています。今でも家族四人で住んでいます。私には今、「ありがとう」を伝えたい人がいます。いとこの家族のみなさんです。そして、お父さんとお母さんにも「ありがとう」を伝えたいです。ボランテイアの方や支援をして下さった方、瓦礫てっきょをして下さっている方にも伝えたいです。そして、NHKの「みんなの歌」を作って下さった渡辺なつみさんなど、たくさんの人に「ありがとう」を伝えたいです。

私はもっと雄勝で思い出を残したかったです。でも、ずっと悲しんでいてもだめだと思います。ですから、いま校舎を借りている河北中学校さんにも、感謝しながら元気に過ごしたいです。

（二〇一二年九月一〇日）


作文の題名は「一年半がたった今」です。

K子さんは当時三年生です。すでに下校していました。地震直後に母親と一緒に、伯母と五年生の姉を学校に迎えに行きました。そして学校と反対側の高台に避難しています。そこから町が津波にのまれるさまを見ていて、恐怖心を抱きました。その記憶を作文に書いています。その恐怖の記憶と向き合い、恐怖心や故郷の街並みが消えてしまってつらいという感情を言葉で表現しています。記憶を少しずつ《対象化》しつつあります。また両親への感謝とボランティアなどお世話になった人への感謝の気持ちと前を向かなければならないという思いも書いています。書くことで自分を見つめ《対象化》し、いくらか心の余裕を取り戻しているように見えます。続いて、この作文を読んだ母親の手紙を紹介します。

K子へ

東日本大震災から一年と六か月、時間がいっぱいたっているような気もするし、あの日のまま、時間が止まっているような気もします。（中略）

震災の作文を去年は思い出したくもないから書けないと言っていたけど、今年は書き上げたK子、えらかったね。いやだと言っていたので、震災の時のK子の気持ち、話すことも聞くこともせず、過ごしてしまったので、K子の気持ちがわかって、少し嬉しかったです。

K子の大切な物がたくさんあった家が、大好きだった雄勝の町が、あの大津波で一瞬にしてなくなってしまって、本当に本当につらかったよね。お父さんは無事なのだろうかとか、これからの生活はどうなるのだろうとか、いっぱいいっぱい不安にさせたよね。

お父さんが無事で帰って来てくれた時、〝生きててくれた〟、嬉しくて、みんなが見ていたけど、家族が抱き合って喜んだよね。

いとこの家に住まわせてもらって、家がある。電気がつく。水道が出る。普通の生活ができる。家族みんなで暮らせる。今までの当たり前だった事ができるってすばらしいって感じたよね。その事が、たくさんの方々に支援をしてくださった方々に感謝をすることに、つながっているのかなあっと思っています。（中略）

お母さんは、K子が生きていてくれて、元気に過ごしてくれるから今があります。

あの大地震、大津波は忘れたくて忘れることができない出来事で、K子もお母さんも生かされた者の一人です。津波で亡くなった方々に恥じないように、今を大切に過ごしてください。（以下省略）

お母さんより

自宅を流されたK子さんの家族は、震災後は隣町の見なし仮設に転居しました。それからK子さんは雄勝に行くことを嫌がるようになったそうです。母親の話によると、家族で雄勝に出かけると言うと、「嫌だ！　絶対行かない！」と泣き叫び、家族も大変困ったということでした。仕方なくK子さんを家に残して、家族三人で雄勝に行くこともあったそうです。医者や心理カウンセラーの診断を待たないと断定はできませんが、K子さんの言動から推察すると、PTSDの「回避」のような症状が現れていると推測されました。

したがって、五年生になって震災作文を書いたことは、母親にとって非常に驚きと感激であったという話をお聞きしました。この作文をきっかけにして、親子で震災の話が出来るようになり、震災と向き合うようになったそうです。お手紙を読むと、母親としてK子さんのつらさに寄り添って、しっかりと受け止めておられます。K子さんに「安心・安全」の場を与えようという努力と愛情が伝わってきます。

震災の記憶と向き合って、書いたり語ったりすることは、子どもにはつらいことです。「安心・安全」な環境の下、そばに寄り添う信頼できる大人が必要だといわれています。K子さんの場合はお手紙を書いてくれたお母さんが、その役を担っていたのでした。そして学校では学級集団の仲間です。同じ震災をくぐった仲間だからこそ、つらさがわかり合えたのでした。

一二月のある日、桑山医師が石巻市内での講演の帰りに、五年生教室へ立ち寄って下さいました。K子さんの件を相談すると、心のケアに関するアドバイスをたくさんいただきました。

自宅周辺のジオラマと木版画「私の宝物」(図工科・総合)

作文と絵本制作では、つらさを抱えたようなK子さんでしたが、震災前の「自宅周辺のジオラマ」制作では、実に楽しそうに活動しました。友達と楽しく遊んだことや、家族と一緒の夏祭りの思い出などを級友と語り合っている姿は、笑顔にあふれていました。〝雄勝と聞けば津波の恐怖〟という縛りから、解き放たれたように声が弾んでいました。このK子さんの姿を見て、平面や立体表現を活用するケアプログラムの意味が、理解できたような気がしました。

中学生と違って小学生の子どもにとって、震災体験をいきなり作文で表現することは、とて

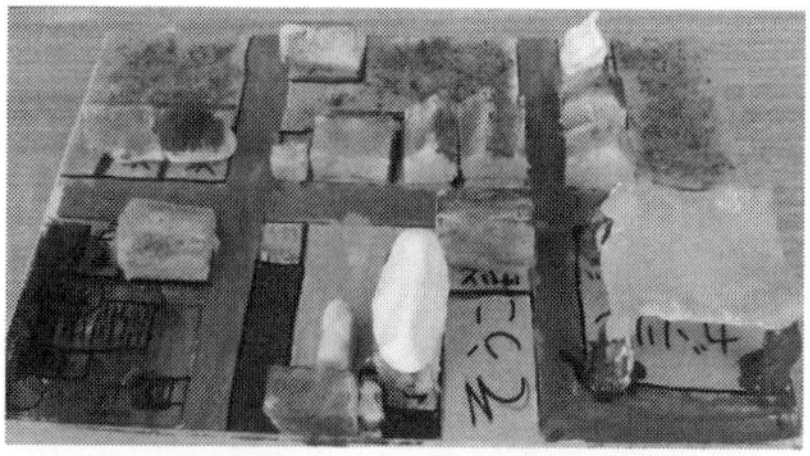
K子さんがつくった自宅周辺のジオラマ

K子さんの「私の宝物」・家族

も困難な作業です。自分の感情を《対象化》し、整理して言葉に直すことは、平常時であっても難しいことです。だからこそ内面心理を表現しやすい絵や立体表現を活用することに意味があったのです。本実践では、平面表現や立体表現は言語表現よりも後になってしまいましたが、それでも子どもにとっては、楽しみながら活動できる、有効なケアプログラムとなりました。

続いて、木版画「私の宝物」の制作に入りました。この表現活動は雄勝に住んでいた頃の記憶を取り戻させるために取り入れた表現活動です。

下絵の発想段階では、雄勝の思い出を想起させました。他の子に比べて、K子さんが想起した思い出は少なかったのですが、津波の恐怖と向き合いながら、少しずつ過去の記憶を取り戻していくようでした。

構想段階の下絵では、初めは雄勝に建っていた自宅を描いていましたが、途中で下絵を変更して、家族四人を版画に表現しました。K子さんは両親と姉と四人家族で、一緒に行動する仲のいい家族です。下絵を描く段階になって、家族が自分にとって最も大切な宝物であると気づき、テーマを自分の家から家族の肖像に変更したのでした。つまり版画制作のプロセスで雄勝の記憶を回復していきながら、家族愛こそが自分の宝物であると気づいたのです。そして家族愛が自分の「土台」であると再認識できたのです。

住んでみたい新しい家と町の制作

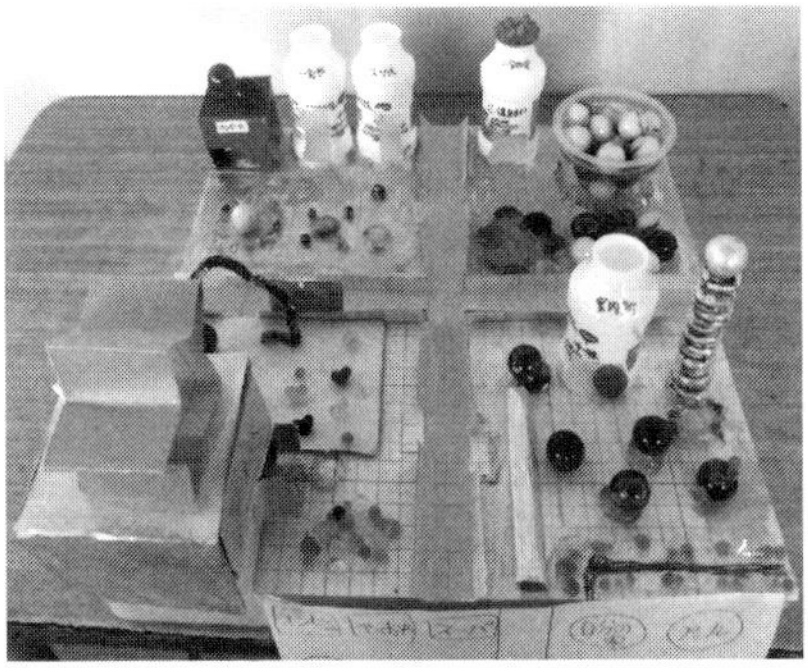
K子さんの「住んでみたい新しい家と町」

続いて、「住んでみたい新しい家と町のジオラマ」の制作を行いました。K子さんが住んでみたい家と町には、プールや温泉の他にゲーム学校と公園もあり、先ほどの自宅周辺のジオラマと比較しても、密度の濃い表現活動を行っていました。これまでの表現活動で一番楽しそうでした。

K子さんが書いた作品紹介です。

これは私が住みたいしょうらいの町です。私が一番気に入っているところは、Cゾーンのギラギラタワーです。おはじきがたおれながらもがんばりました。ゲーム学校はゲームのことを教わる学校です。Aゾーンの池は伝説の池です。中に入ると長生きすると言われています。Bゾーンには自分の家があります。となりはプール、向かい側は二つの温泉があります。Dゾーンはゲーム学校と公園があります。私がアルバイトをしたい所はAゾーンのコンビニです。

次の活動は、このジオラマを使って、一人ひとりが想起した雄勝の思い出を発表し、語り合う時間を設定しました。どの子の発表でも、思い出すたびに笑いが起きて、楽しい時間を過ごすことができました。こうして、学級集団の力を借りながら、津波に流されていた過去の記憶を取り戻していったのです。K子さんも含めて全員の作品と活動のプロセスを学級通信で発行して、保護者とも共有しました。

ジオラマ制作の教育的意味

子どもにとって故郷とは、自分を育ててくれたゆりかごであり、記憶の中に堆積《たいせき》して自分の人格の一部を形づくっています。記憶とは自分と地域との《関係性》の記憶です。地域が消えてなくなったことで、記憶、すなわち地域との《関係性》を失くしたような感覚に陥りますが、実は記憶は残っています。一つ目の「自宅周辺のジオラマ制作」では、その自分にとって有意味な記憶（地域との関係性）が蘇《よみがえ》ってくることで自分を取り戻し、心が癒《いや》されていくのではないかと考えました。二つ目の「住んでみたい新しい家と町のジオラマ制作」では、新しい雄勝の町を作ることで、自分と雄勝の《関係性》を再構築し、その作るという行為で自分自身が癒されるのではないかと考えました。本書第2章で述べた、六年生の立体模型「未来の雄勝づくり」と同様のケア効果があるのではないかと考えました。

活動を終えたK子さんは、「津波で壊れた雄勝のことを思い出すのは嫌だったけど、楽しい思い出や家族とのことを思い出すと、気持ちが楽になる」と感想を述べています。恐怖の記憶は当然残っているはずですが、心が一方的に恐怖に支配されなくなったようです。母親からも大変感謝されました。ジオラマ制作と版画制作が、K子さんには特に有効に働いたといえます。

4　共同制作の木版画「希望の船」（総合）

二〇一三年二月、子どもたちに一年間の歩みを、大きな木版画に表現しようと提案しました。この共同制作は、《復興教育》の二つのテーマである「雄勝のホタテ養殖と漁業の復興を調べよう」と「震災体験を記録しよう」の二つの学びを融合し、震災から未来に向かって歩むイメージを、共同木版画で表現した実践であります。

二月から制作に入り、二か月間を要して、修了式前日の三月一九日にようやく完成しました。大震災をくぐり抜けた、雄勝の子にしか表現できない表現テーマです。九〇センチ×一八〇センチの大作で、三つのグループで分担して制作しました。

一人一〇枚以上のラフスケッチから

導入は、震災の日から今日までの歩みを、小さなカードにラフスケッチで描く活動から入りました。絵本の制作やジオラマの制作によって震災と向き合ってきましたので、どの子も苦にすることはなく、一人で一〇枚以上のラフスケッチを描きました。合計で一〇〇枚ほど集まりました。

ラフスケッチのカードを内容ごとに類別したあと、画面構成を考えさせました。子どもたちは時系列で整理する学習経験を生かして、過去の津波の場面から未来の町へ、そしてそこで暮らす笑顔の家族、という順に画面構成を決めて行きました。ここで私から一つ提案しました。過去と未来はあるけれど、現在のみんなの姿がほしいと。さらにもう一つ、故郷に残る史実を紹介しました。一六一三年に仙台藩主の伊達政宗が、スペインとの交易を求めて派遣した「慶長遣欧使節船」の話です。

この帆船の名は「サン・ファン・バウティスタ号」です。復元船が石巻市に展示されています。この船が建造されたという口伝が残っている場所が、実は子どもたちの故郷・雄勝なのです。建造の地を表す石碑も残っており、子どもたちはこの口伝を知っています。さらに「慶長遣欧使節船」は、一六一一年の「慶長三陸大津波」で甚大な被害を受けた仙台藩を、スペイン交易で復興する意図があったことが、最近の研究で発表されました。そこで、この逸話を取り入れることを提案しました。子どもたちが船に乗って未来に旅立つという物語づくりを提案したのでした。

子どもたちは、四〇〇年前の史実と二〇一一年の大津波を重ねて、帆船で未来に向かう物語を生み出し、制作意欲を高めていきました。それが画面中央に子どもが描いた帆船です。こうして帆船に子どもが乗り込んで、復興を目指して未来に旅立つという「物語」が出来上がったのです。

再生の歩みを「物語る」ということ

この作品（一五二～一五三ページ）を解説します。画面左側は、過去の記憶、「三・一一」の津波の場面です。すべて子どもたちが見た光景です。巨大津波で雄勝の街並みが破壊され、雄勝小学校校舎に津波が押し寄せています。屋上には津波で流されてきた民家が乗っています。

画「希望の船」

共同制作した木版

「希望の船」左下部分。左端の子ども
（K子さん）は津波から目を背けている

手前では津波が恐ろしく渦を巻いて、電信柱が飲まれています。屋根に乗って流されている人もいます。手前には瓦礫につかまっている人もいます。

その夜は、地上の悲惨さとは対照的に、満天の星々が美しく輝いていました。子どもはちゃんと記憶していたのです。津波の恐ろしい記憶やつらい体験と向き合って描いたのでしょう。表現方法は陰刻で彫り、画面全体が黒くなっています。

右側は未来の場面です。復興した雄勝の町と笑顔の家族が描かれています。背後には大きな太陽が描かれています。太陽は希望の象徴でしょうか。太陽から注がれる光は、笑顔の家族を照らしてくれています。未来は明るく描き、家族がみんな笑顔になりたいという願いや希望を描いたのでしょう。左側の過去の場面とは対照的に、陽刻で彫り、明るい画面になっています。

画面の下側は、震災から二年間の雄勝町の復興の歩みを表しています。子どもたちが過ごした避難所で、焚き火をして体を温めた記憶。雄勝に救援に入った自衛隊に助けられた記憶。死んだ人の魂が抜けていく様子も描いています。その年のお正月には、住民が獅子舞を復活させました。五年生も参加した雄勝湾のホタテ養殖の復活、さらに住民が復活させた雄勝法印神楽という順番に時系列で描いています。

中央の船は現在の場面です。過去と未来の狭間《はざま》にいる、現在の自分たちの姿を描いています。船の名前は「サン・ファン・バウティスタ号」です。雄勝で建造されたという口伝が残っている帆船です。津波の海から船が空に飛び上がっています。津波から逃れた自分たちの姿です。

津波は恐ろしくつらい記憶です。したがって船の左半分は、黒く描いています。船の右半分は、明るく描いています。絶望と希望の狭間で、揺れ動いている感情を表現しているようにも見えます。

この船の姿は、つらい過去の記憶を抱えながらも未来に向かっている自分たちの姿を現しているようです。子どもたちが乗った船は、希望の象徴である太陽に照らされて、未来に向かって進んでいきます。つらさを抱えながらも一歩ずつ一歩ずつ、未来に向かって歩んでいく子どもたちの姿と重なります。このように版画表現によって、自らの再生の歩みを「物語る」ことで自らを癒し、前を向く力を得ていくのです。

木版画「希望の船」は、「9・11米国同時多発テロ被害者家族会」を通じて、米国に渡っています。毎年三月にニューヨークで開催される『東日本大震災NY追悼式典TOGETHER FOR 三・一一』において、二〇一六年、二〇一七年とも祭壇の正面に掲示されています。また二〇一四年に、日本子どもの版画研究会会長の細田和子先生によって、中国にも渡っています。現在、石巻市教育委員会発行の社会科副読本『わたしたちの石巻』にも掲載されています。

津波の場面を描いたK子さんの表現の意味

さて、手前には津波の惨劇を山の上から見ている、住民の姿が描かれています。その中に一人だけ、津波から目を背けている子がいます。一番左側の子、それがK子さんです。津波で町が壊される光景がつらく、恐ろしくて背を向けているのです。

K子さんにはPTSDの「回避」の疑いがありました。津波で町が壊される様子を見ていたK子さんは、つらさや恐怖の記憶が蘇ってきて雄勝に自由に行けなくなった子です。そのK子さんが率先して、津波で町が破壊される場面を描いたのです。つらさや恐怖の記憶と向き合って、津波で町が破壊される場面を描いたのでしょうが、この場面を描いた五年生の終わり頃には、雄勝に自由に行けるようになっていました。

この意味は何なのか、私なりに考えてみました。津波のつらさや恐怖体験を、絵に描いたという行為は、つらさや恐怖の記憶を《対象化》したことになります。その記憶が心の中で整理されて、位置を与えられたのでしょう。つらさや恐怖の記憶が、なくなったわけではありません。その記憶は残ってはいますが、つらさや恐怖の記憶を、自分の意識のコントロール下に置けるようになったということです。つまり、K子さんの心が恐怖の記憶に支配されることなく、心が自由になったということを意味するのです。こうやってK子さんは、PTSDの「回避(の疑い)」を克服したのです。

このように震災とゆるやかに向き合って、絵画や言葉で体験を《対象化》し、表現させるというケア方法は、子どもがつらい記憶と向き合い、受容し、心を整理し、《意味づけ》て、前を向くことを可能にするのです。そして、子ども自身が前を向く意思を、再獲得することができるのだと考えます。

子どもたちの関わり方は多様だった

この共同木版画「希望の船」の実践が、子どもにとってどのような意味を持ったのか、子どもが書いた感想文を手がかりに述べてみます。

この最後の版画の共同制作への子どもの関わり方が、実に多様で興味深いものがあります。前を向き歩き出した子、不安感や苛立ちを抱えながらも前を向こうとする子、まだ見通しが見えない状況の中にいる子など、一人ひとりの復興意識の違いが、感想文に表れていました。この中に大変深い意味づけをしている感想文を書いた子が二人います。二人は、全員でつくったこの共同制作の価値を、きちんと《意味づけ》ている子です。

【感想文1】私は、あの三・一一の暗い事と明るい未来の事を、そして船を彫りました。私たちが体験した三・一一からにげずに、前へ進んで行くという思いで、この共同制作の版画にいどみました。後世に伝えて行かなくてはならないこの事を版画にして、何年後、何十年後と時がたっても、この版画を見て、思い出してもらうことや、後世に伝えていくことができるのではないでしょうか。そして、私たちもわすれかけている時に版画を見て、その震災を思い出せると思います。私はこの共同制作『希望の船』を制作してよかったなあと思います。私はもう転校しますが、転校した学校でできた友達にも、この『希望の船』のことを教えようと思います。私の大切な思い出です。（七海）

七海さんは二〇一二年九月、本書冒頭に収録した「わたしはわすれない」という詩を書いています。その詩では、大震災でも心のよりどころとなる記憶は奪われなかったこと、そして震災を後世に語り継いでいく固い決意を表現しています。すでに、言語表現によって震災体験を《対象化》して、《意味づけ》ていました。

図工が得意な七海さんは、この共同制作では中心になって活動しました。「三・一一からにげずに、前へ進んで行くという思いで、この共同制作の版画にいどみました」とは、「震災に負けないで何事にも挑戦し、前を向いて歩むぞ！」と自らを奮い立たせているようです。こうして震災の記憶と震災を後世に語り継いでいく固い決意を、版画の白黒の形象にして心に刻みつけたのです。その思いが強く伝わってきます。こうして七海さんは、震災というマイナス体験を《対象化》して《意味づける》ことでプラス体験に変え、力強く前を向く力を獲得していったのです。

【感想文2】この『希望の船』は、最初はいやだったけど、雄勝のことを思い出してやってみたら、うまくやれました。時にはふざけたりあきたりしたけど、でも三月一九日に彫りができてよかったです。また機会があったら、やりたくないけどやりたいです。

これからもこの『希望の船』が太陽に向かって進むように、前へ、前へ、ちょっとずつでもいいから進んでいけたらいいなあと思います。雄勝にいたころの思い出や友達、雄勝の伝統、ふるさと、津波にのみこまれた人、雄勝小学校、家族、宝物がすべて流されたけど、これからも死んだ人の代わりに、生き続けたいです。（龍司）

この感想文からは、龍司君の苦悩や葛藤《かっとう》がよく伝わってきます。版画制作を通して自分を《対象化》し、自分の立ち位置を確認できたのでしょう。「やりたくないけどやりたいです」の表現からは、まだ前を向ける状態ではないが、それでも向きたい、という健気《けなげ》な意思を読み取ることができます。希望と絶望の狭間で揺れ動きながらも、健気に前を向こうとする意思を読み取ることができます。

「前へ、前へ、ちょっとずつでもいいから」は、つらくても一歩ずつ歩みたいという健気な思いが伝わってきます。「雄勝にいたころの思い出や友達、雄勝の伝統、ふるさと、津波にのみこまれた人、雄勝小学校、家族、宝物がすべて流されたけど」という表現では、失くした大切なものを列挙し、「けど」という表現（接続助詞）で、現実と折り合いをつけているように読めます。

最後の文「死んだ人の代わりに、生き続けたい」とは、「亡くなった命を無駄にせずに亡くなった人の分まで生きるぞ！」という《意味づけ》です。こうして龍司君は、震災を自分の人生の一部として引き受けて、自分の新たな「物語」を描いています。

絵画表現を通して、子どもはつらい記憶と向き合い、《対象化》して心を整理し、《意味づけ》て、未来へ続く「物語」を描くことで、前を向く力を獲得していきます。自分と自分を取り巻く世界を目に見えるイメージで再構成し、過去から未来につながる物語を描くという「ナラティブ・セラピー」のような役割。ここに震災後を生きるために絵画表現が果たした大きな役割があるといえます。この絵画表現も、私が語ってきた震災体験の《対象化》と《意味づけ》の実践の一つです。

このように子どもたちは、雄勝の地域復興に立ち上がった漁師に出会い、ホタテ養殖を学び、南中ソーランで復興に参加し、地域とつながり直した一年間の歩みを、版画表現という手段で「物語る」ことで、前を向く力を獲得していきました。

しかし、本実践で用いた作文やジオラマ制作、版画制作などの方法が有効に働いた子がいる反面、一方でそうでない子も存在します。その理由は親の生活再建の程度が、子どもの意識に反映するためだと考えられます。

たとえば【感想文1】の七海さんは前を向き、目標を持って力強く歩み始めています。その背景には自宅の再建があります。七海さんの家庭は、石巻市中心部に近い住宅団地に、自宅を自力再建しました。それに伴って六年進級時に転校していきました。

それに対して、「希望の船」の感想文を一行も書けなかった子が二人いました。二人とも家族が震災ショックと生活環境の激変によって困難を抱えて、震災直後よりも今の方が厳しい環境下にいる子どもです。そんな過酷な生活環境が、子どもの意識に反映していると考えられます。子どもが希望を抱き、前を向くためにはまだまだ時間がかかり、被災者へ物心両面の支援が必要です。

このような家庭の経済的問題や困難に対して、教師は全く無力です。しかし、子どもが抱く希望が、自宅再建などの親の経済的条件に、一方的に規定されるとは思いたくはありません。教師の意図的な教育実践によって、子どもの前を向く力（主体の条件）を育てることは可能ではないでしょうか。

子ども自身が、震災で受けた喪失感情や苦悩と向き合い、現実と折り合いをつけて、心を整理すれば、前を向く力を獲得することは、可能であると信じたいのです。この版画制作でも、初めの頃は完成などしないと、自信を持てなかった子が多かったのですが、諦めないように取り組みを励ました結果、作品を完成させて、思いがけず自信を得た子が多数いるのです。

教師にできることは限られます。しかし、子どもが希望を抱くまで、可能な限り挑戦することが、教師の仕事ではないかと考えています。最後の学級通信で、私は子どもたちに、次のようなメッセージを送りました。

一か月前から制作してきた共同制作「希望の船」が、二〇一二年三月二一日に完成しました。震災体験をくぐり抜けた雄勝の子にしか表現できない内容です。しかも一年目はまだ震災の傷やショックがあって制作には早すぎます。しかし、三年目になると震災の記憶がかなり消えてしまって、制作ができなくなります。二年目の今年が一番いいタイミングでした。被災地の子どもたちで、このような表現を行った子どもはたぶん雄勝小五年生だけです。自分たちに自信と誇りを持ち、震災後のストレスや困難に負けないように、これから先、苦難を乗り越えて、たくましく歩んでほしいです。

阪神・淡路大震災の体験者から感想

「まえがき」に紹介した七海さんの詩は、『世界』二〇一三年六月号で、掲載されました。大森直樹氏と池田賢市氏の連名記事「3・11後の教室の風景」の中で紹介されました。その後に大森直樹氏を介して、この詩への感想が寄せられました。阪神・淡路大震災の体験者から、見事な解釈をいただきました。

この詩は、東日本大震災の津波により自宅を流され、仮設住宅で暮らす小学五年生の少女の作品です。石巻市雄勝町の街や港も壊滅し、中学校に間借りして学校生活をおくっていたときに書かれたものです。

阪神大震災を体験した筆者は、この詩を読んだとき、わずか十歳の少女がこんな心境で大震災と向き合って生きている姿に胸を打たれ、襟を正さずにはいられませんでした。（中略）

冒頭の詩（七海さんの詩のこと——引用者）は、震災で奪われた人やもの、日常の人間関係の情景が克明に思い起こされ、記録されています。それらが心の居場所としてかけがえのないことであったことが再確認され、大震災でも心の記憶はうばわれなかったこと、だから大切な記憶を忘れないとの決意を自らにも言い聞かせているのです。犠牲者の思いに心を傾け、生かされた者として未来に向かって責任ある生き方を自ら選択しようとする立ち位置を表現した物語のようにも読めるのです。

震災体験と向き合って「言語化」するという徳水先生のこの授業は、大震災によるおぞましい喪失感情や先行き不安の心理に折り合いをつけ、地域の復興と希望づくりに踏み出していく子どもと教師による木版画の共同制作に結実したのです。（以下省略。『人権のひろば』九八号、大阪市立大学名誉教授・桂正孝さんの文章より）

三上満さんからお手紙

本章で紹介した実践は、ＤＶＤになっています。「日本児童教育振興財団」制作「ぼくたちわたしたちが考える復興——夢を乗せて」（二〇一三年、六〇分）です。この映像をご覧になった故・三上満さんから、二〇一三年にお手紙をいただいておりました。三上満さんは、武田鉄矢主演のテレビ番組「3年B組金八先生」のモデルの一人となった、東京都の元中学校教師です。

先日、日本児童振興財団よりＤＶＤが送られてきました。さっそく拝見し、感動をあらたにしました。ホタテの養殖に取り組む中で、生き生きと学ぶ子ども、徳水先生ができるだけ前に出ず、子どもの思考と学びのプロセスをやわらかく、後押ししている姿に、職人業のようなものさえ感じました。子どもが被災体験を客観化して乗り越えることを援助する学びは、大切なポイントだと痛感しました。大きな版画、そこに描かれる希望の船出、じんときました。（中略）希望とは、たて、よこ、十文字、はすかいに紡いでいくものです。希望を持たせてくれる人との出会い、それこそが紡ぐ糸です。徳水先生が、私にとっても多くの教師たちにとっても、一筋の糸であることに、心から感謝したいと思います。どうか子どものために力を注いで下さい。

〔参考文献〕

坂本小九郎著『虹の上をとぶ船』あゆみ出版、一九八二年
ジュディス・L・ハーマン著『心的外傷と回復〈増補版〉』みすず書房、一九九九年
西郷竹彦編『文芸教育』新読書社、二〇〇七年
『世界』（岩波書店）二〇一三年六月号、池田賢市・大森直樹著「3・11以後の教室の風景」
『人権のひろば』九八号、人権擁護協力会、二〇一四年
制野俊弘著『命と向きあう教室』ポプラ社、二〇一六年
桑山紀彦著『心理社会的ケアマニュアル』福村出版、二〇一七年

第4章　被災からの私の自己再生

この章では、まず《人とつながり希望を紡ぐ》人間復興思想を生み出したプロセスと、それを《復興教育》に転化させたプロセスから述べていきます。

1　喪失感情とそこからの回復

震災後に私を襲った意識は、生きる気力の喪失でした。壊滅して廃墟となった雄勝《おがつ》の街を目の前にして、私は打ちのめされてしまいました。義母を亡くし、自宅を流され、これまで教師として生きてきた証《あかし》である、過去の教育実践のパソコンデータの一切を流されました。もう教師を続ける気力が湧いてこなくなったのでした。過去の記録を奪われることは、未来までも奪われることだと思い知らされました。その実践記録を使って、三年後の定年退職後に計画していた、未来の一切が消え去ったからです。過去を失うことは未来を失うことだと知りました。

ところがそんな私に、生きる力を回復させてくれたのは、グーグルの安否情報でした。三月末に妻の携帯電話を覗くと、グーグルに私の安否を尋ねる情報が六件載っていました。九州の親兄弟、旧友、友人、教え子、元同僚です。

さらに四月六日付の朝日新聞に、倒壊した校舎内で、子どもの絵画作品を手にする私の姿が報道された後に、全国からぞくぞくと、支援物資が送られてきたのです。親兄弟、遠方の友人、旧友、全国サークルの仲間、中には四〇年ぶりに連絡をくれた竹馬の友もいました。総勢約七〇名から学校や避難先に、支援物資や支援金と励ましの手紙が送られてきたのでした。

これには驚きました。〝こんなつまらん男のために、どれだけ多くの人が心配してくれていたことか〟。それを知っただけで、ただただ感謝でなりませんでした。私は決して人に愛される価値のある男ではないと思っています。ただ、子どもにとって最善とは何か――それが私の行動原理だったこと、それだけはいえます。ただそれだけの男です。そんなちっぽけな男に注がれた多くの愛が、私に生きる力を回復させてくれたのでした。そして、いつまでも受け身で支援を受ける立場ではいけないと思い立ち、妻と二人で全国から届いた大量の支援物資を車に積んで、雄勝の避難所に通い始めたのでした。私たち家族は、必要な分だけあれば十分だからです。

避難所で食料や衣服などの支援物資を配っていくと、住民の方々から涙ながらに感謝されました。この支援活動ほど、私たちを元気にしてくれるものはありませんでした。住民の方々から感謝という真心を、お返しにいただくからです。感謝されるたびに、自分の命が癒《いや》され元気になっていく体験を味わいました。相手を思う無私の心に、相手が感謝という真心で返してくれているわけです。ここに命と命の交流があるのです。この交流が私と妻の心を癒し、ますます生きる力を与えてくれたのでした。

後から調べてわかったことですが、私たちが住民との間で体験した命の交流を、アメリカの作家、レベッカ・ソルニットは「災害ユートピア」と名づけていました（『災害ユートピア』高月園子訳、亜紀書房、二〇一〇年）。

《人とつながり希望を紡ぐ》人間復興思想

こうして雄勝へ支援に通うたびに、だんだん元気になっていく自分を発見しました。だからこそ一度や二度の外からの支援ではなくて、住民の一人として内側から雄勝の復興を担うことこそ、自分の役割ではないかと考え始めたのです。

そこで漁師さんの合同会社「ＯＨガッツ」の立ち上げの会議に参加するようになり、さらに中里孝一さんをリーダーとして、漁業の復活に取り組む船越地区にも足を運ぶようになりました。さらにまた、五月二八日「第一回おがつ復興市」では、町の復興に携わっている主だった住民の方々と情報交換しました。

その時、住民で構成する「雄勝地区震災復興まちづくり協議会」に参加してほしいと要請を受けて、六月から、教員の身分のまま、協議会の委員として復興計画の立案に参画することになりました。するとますます自分が癒され、再生していく回復体験を得たのでした。

妻がこう言いました。「雄勝に行くたびに元気になって帰ってくるよね」。その通りでした。地域住民とつながり、復興に参画し、自ら地域を変える主体になり始めたときに、私の意識は明らかに変わりました。ＰＴＳＤ（心的外傷後ストレス障害）の癒しと自己再生が始まったと実感したのでした。この回復体験から徹底的に自己省察を始めることにしました。

その結果、雄勝町という地域は、地域教材の授業づくりを通して、私を一人前の教師として育ててくれた、かけがえのない存在だったと気づいたのでした。地域を失うことは、教師としての過去の歩みと未来の教育活動の場の一切を失うことを意味しました。私が地域と築いてきた《関係性》を、もう築けなくなったからです。

ここから、人間とは《関係性の存在》だと気づかされました。そして、私の喪失感の本質とは家や財産などの物質を失った喪失感ではなくて、生活空間であった地域を丸ごと流されて、地域とのつながりが切れたという、《関係性の喪失》だと認識するようになりました。

したがって、雄勝に通って復興活動に参画することで喪失感情が癒された理由は、未来に向かって新しい町をゼロから創り始めて、失った地域との《関係性を再構築》し始めたからではないかと、自己省察するに至ったのでした。

具体的にいいますと、地域住民とつながって復興計画を立案する「まちづくり協議会」の会議に参加する中で、具体的な展望が開けてきたのです。雄勝ブランドの伝統的工芸品「雄勝硯《すずり》」と雄勝湾の養殖ホタテという地域資源を活用することによって、地産地消型の新しい「地域内経済循環」（岡田知弘）を構築できそうだ、と地域の未来像が見えてきたのでした。その地域の未来像が生きる《希望》となり、展望となったのです。

こうして絶望のどん底にいた私が、地域住民とつながることで希望を生み出したのです。この私の自己再生のプロセスを、《人とつながり希望を紡ぐ》人間復興思想と名づけることにしました。

このように、《人とつながり希望を紡ぐ》人間復興思想とは、義母と故郷の町を失って失意のどん底にいた私が、地域住民とつながり、地域復興に参画する中で身体に刻みつけられた、私自身の再生プロセスで到達した復興思想です。

希望とは、受け身で待っていては生まれてきません。連帯と共同の行動が必要です。希望とは、連帯を横糸に、共同行動を縦糸にして、自ら紡ぎ出すものです。つまり被災者が一方的に支援される側から転換して、人とつながり、主体的に復興活動を起こせば、自らを癒すことができ、希望を生み出すことができるということです。これが、《人とつながり希望を紡ぐ》という人間復興思想の意味であります。

この《人とつながり希望を紡ぐ》という人間復興思想を教育に応用したものが、実は私が提案した《復興教育》であったのです。私の自己回復のプロセスには普遍性があり、子どもの回復プロセスにも適用できると考えたわけです。子どもが地域復興を学び、復興に参加して地域との《関係性を再構築》すれば、受け身でなくて主体的に地域を変えていく行動を起こせば、子ども自身が自らを癒す力を獲得するのではないかと、「仮説」を立てたわけです。この「仮説」に基づいて構築した教育が、《復興教育》だったのです。地域の復興活動を土台にして、住民が下からつくり上げた教育が、まさしく《復興教育》だったということです。

2　地域に根ざした教育と結合した《復興教育》の誕生

さらに別の角度から、《復興教育》が生まれたプロセスについて述べておきます。

私の自己回復の体験は、私の被災児の見方を大きく変えることになりました。子どもたちは外部から多くの支援を受けました。一流の楽団による支援コンサートも聞くことができました。それはそれで大変ありがたいことでした。ところがそのうち、子どもに「支援慣れ」した受け身の姿勢が見えるようになりました。それを見るにつけ、いつまでも一方的に支援を受ける受け身の姿勢では成長しないと考えるようになりました。子ども自らが能動的に行動し、自ら環境を変えていく体験が必要だと考え始めました。

そんな折り、二〇一一年五月二八日「第一回おがつ復興市」の会場に、子どもが書いた復興メッセージと絵画作品を掲示したところ、地域の人が涙を流して喜んでくれる姿を発見しました。子どもには地域の人を癒す力があったのです。そこで次回の第二回復興市（七月二日）では、子どもに南中ソーランを踊ってもらって、地域の人に元気になってもらおうと考えました。一方で子どもにとっては、受け身の姿勢から能動的に支援する側に転換することで、地域の人とつながり、「自己有用感」を高めることで回復体験をさせようと考えたのです。地域の人とつながり、能動的に復興の行動に参加すれば、これこそが子どもの心のケアと再生につながると「仮説」を立てたのでした。これは本書でも繰り返して述べてきました。

このように地域復興に子どもを参加させ、地域とつながることで、心のケアを果たそうと考えていた矢先、五月に学校長から「児童数の激減に伴って来年度は複式学級となり、学級数が減少するので教員の転出希望者を募る」という指示と、六月に「学区外避難所からの通学児は転校するのが筋」という話が出されたものですから、地域から学校が消えてしまうという危機感を覚えました。そして学校がなくなると、地域そのものが衰退して消えてしまうという強い恐れを抱きました。

私にとって雄勝地域は、地域教材の授業づくりを通して、私を一人前の教師として育ててくれた、かけがえのない存在でした。私の記憶の中に蓄積して、自分の一部をかたちづくっていたのです。地域は私の人格の一部だったのです。地域を失って初めて、私の中に強い地域愛が存在していたことに気づいたのでした。この雄勝地域が消えてなくなることは、耐えがたい苦痛でした。六〇〇年の歴史のある町を、後世に残したいという思いが、日増しに強くなってきました。

こうして私の意識の中で、学校と地域の関係が逆転し始めたのでした。誤解を恐れずにいえば、「地域に根ざした学校づくり」が衰退した以後、学校は自らの教育目標（例えば高い学力）の達成のための手段として、地域を〝利用〟してきたといえます。

例えば、学校は地域教材を取り入れて、子どもの問題解決力を高める授業を工夫したり、地域の人材を講師に招いて地域の課題に関心を持たせたりして、学習意欲を高めていき、学力を高めていきました。ところが、高い学力を身につけた若者は、学力競争の過程で、村を出て行きました。学校は地域を学ばせておきながら、結果として子どもに「村を捨てる学力」（東井義雄）を育ててしまいました。つまり学校は、地域を衰退させる役割を担っていたわけです。これが、学校は地域を〝利用〟してきたという意味です。

一九六〇年代からの高度成長時代には、それは、親の要求とも一致してうまく機能していたかも知れませんが、今日では大都市への人口集中と、それ以外の地域の衰退をもたらしました。現在の被災地にはそぐわない教育です。

このようにして私の意識の中では、学校と地域の関係が逆転し、地域のための学校という学校観が生まれたのでした。それが、第２章で紹介した「震災復興教育を中心にした学校運営（経営）の提案」だったのです。このような経過を経て、《人とつながり希望を紡ぐ》復興思想と、「地域に根ざした学校づくり」とが結合して、地域復興に貢献する学校づくりを目指す《復興教育》が生まれたのでした。そして、その学力観とは、故郷を愛し、故郷の復興に関わる《社会参加の学力》としました。

私が提案した《復興教育》を教育史に位置づけるならば、次のように述べることもできます。《復興教育》とは、一九七〇年代の「地域に根ざした学校づくり」を継承した教育であり、そして故郷を愛し、故郷の復興に関わる《社会参加の学力》は、人間の復興を通して、日本各地の地域再生を担うべき二〇〇〇年代の地域を担う学力である、ということができます。

3　喪失感情の本質とは《関係性の喪失》である

続いて私の心の再生プロセスで見えてきたグリーフ（喪失感情）の本質について記しておきます。第3章「被災児の心のケア」で「震災体験の自己省察」の項において、「自分のトラウマ感情を一つひとつ解きほぐし、言語で対象化し、整理する作業に取りかかりました」（一一五ページ）と述べましたが、それについてです。

トラウマ反応にはASD（急性ストレス障害）がありますが、それが一か月以上継続すると

ＰＴＳＤ（心的外傷後ストレス障害）といわれます。グリーフとは、愛する人との死別体験や喪失体験から生じる「喪失感情や悲嘆感情」といわれます。精神医学的にはトラウマとグリーフは区別されますが、私だけでなく、「三・一一」の被災者の多くは両者を抱えていると考えられます。

まず私のＰＴＳＤは、軽い「再体験」のような症状でした。テレビから津波の映像が流れ、突然震災のつらい記憶が蘇《よみがえ》ってくると、涙が流れたりめまいがしたりしましたが、だんだんと収まって一年後にはほぼ消えてなくなりました。それに対して、喪失感情は癒されることなくずっと残りました。

この喪失感情の正体が判明するきっかけは、前述したように、私が雄勝の救援・復興活動に参画し始めた時に癒される体験を得たことでした。この体験を入り口に私が抱える喪失感情の分析に取りかかりました。そして、喪失感情の本質とは家や財産などの物質を失ったことではなくて、生活空間であった地域を丸ごと流されて、地域とのつながりが切れたという《関係性の喪失》だと認識するようになりました。

私自身の喪失感情は、地域が消えてなくなったことから生じています。居住地であり教育実践の場であった雄勝という地域は、失って初めて私の中で大きな存在であったことに気づいたのでした。

私にとって雄勝地域は、地域教材の授業づくりを通して、私を一人前の教師として育ててくれた母のような存在でした。森・川・海のつながりを探った船越小学校の実践でお世話になった漁師の中里孝一さん。雄勝硯と雄勝天然スレートを学ぶ実践でお世話になった木村満さんと雄勝硯生産販売協同組合の皆さん。雄勝湾のホタテ養殖について調べる学習でお世話になった水浜地区の砂金弘樹さん、鈴木幸喜さん。そして、「OHガッツ」を立ち上げた伊藤浩光さんと佐藤一さん。震災前に毎年一一月に開催された「雄勝海鮮市」で、子どもたちの南中ソーランの演舞を楽しみにして下さった住民の皆さん。数えたら切りがありません。私は雄勝地域の自然や文化と住民の皆さんに支えられて、一人前の教師に成長できたのでした。

雄勝地域は私の教師としての成長の場であり、私の人格の一部を形づくっていました。雄勝地域を失ったことは、まるで自分という存在が消えてなくなったような喪失感情を抱いたのでした。雄勝地域を失って初めて、自分の心の中に強い地域愛が存在することに気づいたのです。ここから次のように省察を深めていきました。

私という人間は、さまざまなつながり（関係性）で支えられてきました。①雄勝地域の自然とつながり、②地域コミュニティとつながり、③教師という職業で社会とつながり、④夫として妻とつながり、⑤父親として子どもとつながり、⑥義母とつながっており、そのさまざまなつながりに支えられて生きてきました。つまり、私という人間は①〜⑥のつながり（関係性）の中で生きてきたわけで、つながりの全部が私という人間です。つまり《関係性》の総体が私という人間といえます。

その六つのつながりのうち、三つ（①②⑥）を失ったわけです。三つのつながりが切れたことによって、私の喪失感情は生じていると考えました。次のようなことからも、そういえるように思います。

隣町の女川町《おながわ》でも、①自然環境と②地域コミュニティは破壊されました。しかし私に喪失感情はありません。なぜなら女川町の、「①自然環境」と、「②地域コミュニティ」とは、私は元々つながっていなかったからです。《関係性》がなかったからです。私の喪失感情とは、雄勝地域を丸ごと流されて、主に①②のつながりが切れたという《関係性の喪失》から生じていたと認識しました。

人間は一人で生きてはいません。さまざまなつながりに支えられて生きている「社会的存在」であり、多様なつながりをもった総体です。難しい言葉でいいますと、私という人間の本質は多様なつながりで支えられた「社会的諸関係の総体」であります。そのつながり（関係性）の一つでも失えば、喪失感情や悲嘆感情が生じるということに気づいたのでした。つまり喪失感情の本質とは、《関係性の喪失》であるという認識に到達したのです。

このように考えるならば、私が雄勝地域に通い始めて元気になり、喪失感情が癒され、自己回復した理由の説明がつきます。私が地域に通うことで前を向く力を得た理由は、新しい地域を創る活動に参加し、切れていたつながりを創り直すという《関係性の再構築》に取り組むようになったからだと理解することができます。

そこで、この《関係性の再構築》をキーワードに、子どもの心のケアに応用した教育が《復興教育》だったのです。子どもに地域とのつながり、《関係性を再構築》する学びを提供し、受け身でなくて主体的に復興に参加する行動を行えば、子ども自身が自らを癒す力を獲得するのではないかと、「仮説」を立てたわけです。子どもは、私以上に故郷に強い愛着を持っています。故郷の復興に何か役に立ちたいからです。この仮説は私の二年間の《復興教育》の教育実践で見事に証明されました。

ところで、子どもの心のケアは、子どもを取り巻く世界との切れたつながりを、再び回復させる《関係性の再構築》を目指しますから、第2章、第3章で述べたように、次のような《復興教育》の構想を立てることができます。

①自分の被災体験を対象化する実践（心のケア）、②地域復興を学び、復興に参加する実践、③身近な家族とつながり直す実践（肉親の死を受容し、死者とつながるケースも）、④学級集団とつながり直す実践、⑤震災遺児のセーフティーネットを学ぶ実践です。この五つの中で私が取り組んだ実践は、①②③④になります。

ところで、第3章において、子どもの心のケアは、喪失感情を《対象化》して《意味づける》と説明しましたが、次のステップとしては、失ったものとのつながりを再構築することが必要で、これが《関係性の再構築》ということになります。これは私自身の再生プロセスから考えた「仮説」のようなものですが、心のケアは、(1)喪失感情の対象化、(2)喪失感情の意味づけ、⑶失ったものとの《関係性の再構築》という順番で達成されるようだと考えました。

ハーマンは心の傷からの回復プロセスを、第一段階「安心と安全の確保」、第二段階「語りと服喪追悼」、第三段階「社会との再結合」と捉えていますが、どこか符合しているような部分もあります。ただし私は精神分析の専門家でもカウンセラーでもありません。これまで述べてきたことには、整合性が取れていない部分が多々あることは自覚しています。震災から七年目に入っても、震災体験の整理がまだできていないことがたくさんあり、その途上であることをご了承下さい。

ところで、私の学級に親を亡くした子どもはいなかったので、③身近な家族とつながり直す実践（肉親の死を受容し、死者とつながるケースも）には本格的には取り組んではいません。子どもの震災作文に親が手紙を書いて、交流を行った程度でした。親を亡くした子どもが、親との関係を再構築する道のりは、大変つらい道のりですが、信頼できる大人のサポート、ケアがあれば可能です。また同じく親を亡くした同年代の子どもとつながり、誰かをモデルとすることも必要です。その活動によって前を向くことが可能になると確信します。

例えば、二〇一四年に宮城県東松島市の鳴瀬未来中学校で「命の授業」（『命と向きあう教室』ポプラ社、二〇一六年）を実践された制野俊弘さんや、宮城県七ヶ浜町の向洋中学校で二〇一五年から二〇一七年まで「震災学習」に取り組まれた瀬成田実さんの「Fプロジェクト」はその典型的な授業です。

もう一つ、大人が、亡くなった人とつながる事例を一つ紹介します。

雄勝小学校に山への避難を呼び掛けた佐藤麻紀さんの事例です。佐藤さんは、雄勝病院*に入院されていた祖母と病院に助けにいった実母のお二人を津波で亡くされました。

*雄勝病院では入院患者四〇名、スタッフ二四名が亡くなっています。その壮絶な記録は辰濃哲郎著『海の見える病院――語れなかった「雄勝」の真実』（医薬経済社、二〇一三年）で読むことができます。

佐藤さんは、お二人を亡くされた上に、遺体安置所で母親の遺体を取り違えられたりして、大変つらい体験もされました。その佐藤さんが、亡くなったお母さんとのつながりをどのように再構築したのか。語り部活動をされている佐藤さんの話を聞いて、はっとしました。

「母親の形見の品は津波で流されて何も残りませんでした。本当につらかったです。でもある日、私が〝形見〟だと気づきました。私自身が母親の〝生きた形見〟なんだと気づいたのです。ここから前を向けるようになりました」。

佐藤さんの語りに感動し、その意味づけの深さに敬服しました。ここに死者との《関係性を再構築》した事例をみることができます。

さて、喪失感情の本質とは何か、と長々と述べてきましたが、私が提案した「喪失感の本質とは《関係性の喪失》である」という考え方は、心のケアに何かの示唆を提供できると考えます。自然災害の他に交通事故や病気で最愛の人を亡くした子どものケア、貧困やいじめや虐待等で孤立した子どもや、ひきこもりの子どものケアに対して、何かの示唆を提供できるならば幸いです。

震災と向き合う大切さ

震災後、被災児の心のケアが第一優先といわれながらも、学校で震災を語ることはタブー視されていました。学校関係者からは、「震災には触れないようにしよう」「心の傷口を広げるようなことはしてはいけない」という声をよく聞きました。急性ストレス反応への初期対応としては正解ですが、専門家がＰＴＳＤの警鐘を鳴らし続けていたにもかかわらず、その後の心のケアに関して、学校が見通しを持っていたとはいえません。したがって、学校の教師が授業で被災児の心のケアに取り組んだ事例は、数えるほどしかありません。

私が知る限りでは、二〇一一年度は私のほかに、宮城県女川第一中学校の佐藤敏郎先生（『16歳の語り部』ポプラ社、二〇一六年）、宮城県山下第一小学校の阿部広力先生、福島県原町第一小学校の白木次男先生（『それでも私たちは教師だ』本の泉社、二〇一二年）、二〇一四年は宮城県東松島市立鳴瀬未来中学の制野俊弘先生（『命と向きあう教室』）、二〇一五年度は岩手県山田北小学校の菅野晋先生、二〇一五年～二〇一七年は宮城県七ケ浜町立向洋中学校の瀬成田実先生などです。被災三県で一〇人に満たない実践です。

最近、震災と向き合う大切さを痛感する事例に出会いました。ＮＨＫ総合テレビの「明日へつなげよう『〝奇跡〟の子どもたちはいま　津波を生きのびた中学生』」（二〇一七年二月一二日、七月二三日再放送）です。この映像では、震災から七年目に入った子ども（震災時は中学生）が、葛藤《かっとう》する事例が放映されていました。家庭の都合で震災後すぐに故郷を離れたために、故郷のために何もできなかった自分に負い目を感じて、葛藤している姿が映し出されていました。故郷から遠く離れているにもかかわらず、逆に故郷に縛られているのです。このような誠実な若者を見ていると、発達段階に応じて震災ときちんと向き合わせる《復興教育》の必要性を痛感します。

ところで、私は二〇一一年から二〇一六年にかけて、横浜国立大学や三重大学、地元の宮城教育大学の集中講義に呼ばれて、《復興教育》を論じたことがあります。その際、一部の学生から、《復興教育》は子どもを地域に縛りつけ、子どもの可能性を奪う教育だという批判を受けました。学生たちが持っている地域観が理解できて、興味深い反応でした。「被災地の七〇パーセント以上の子どもが、地域復興に何かの貢献をしたい」という調査結果（子どもの権利条約の保護を目的に活動する国際ＮＧＯ「セーブ・ザ・チルドレン」の調査：調査日二〇一二年六月～八月）を紹介しても、学生たちは納得しませんでした。

しかしながら学生たちの意に反して、雄勝小学校で《復興教育》を学んだ子どもたちは、すでに二〇一七年現在、高校三年生になっていますが、故郷に縛られることなく、むしろ多様な進路を切り開いています。外国に留学したいという子もいます。人の命を助ける看護師になりたいという子もいます。負い目を感じている子は誰一人いません。

その理由は、故郷と向き合って、存分に復興活動に参加してきたからです。子どもたちは地域復興に参加することで、リアルに地域を見つめます。様々な職業の大人にも出会います。将来この町で暮らすか暮らさないかも常に考えていて、故郷と折り合いをつけていきます。暮らすとすればどんな仕事があり、どんな仕事がないのか。仕事があるとすれば自分の能力や適性と一致するかどうかなど、自分との関わりで地域をリアルに見つめることができるわけです。

さらに《復興教育》で身近な地域を学ぶことで社会認識が育ち、社会全体に視野が広がっていき、人の役に立つ仕事をしたいという目的意識を明確に持って学んでいきました。したがって、《復興教育》は子どもを地域に縛りつける教育ではなくて、むしろ子どもの可能性を広げる教育だと確信しています。

4　最後に残った《不条理の感情》

震災から三年後に定年退職した私は、喪失感情をさらに埋めるために雄勝に戻り、妻と二人で地域復興を目的にした会社を立ち上げました（これは第5章で述べます）。この地域復興の活動によって、地域を奪われた喪失感情と、折り合いをつけられるようになりました。ただし、私の心の中に一つ取り残された喪失感情がまだ残っています。それは《不条理の感情》です。

私にとって震災とは、平穏な日常と大切な人を何の心の準備もなく、ある日突然に奪われていく青天の霹靂《へきれき》のような出来事でした。この事実から生じた《不条理の感情》が、最大の精神的苦痛となりました。普段、私たちは明日もきっと来ると信じて疑わずに、明日の計画を立てて今を生きています。しかし、ある日突然、愛する人を奪われることがあります。あるいは自分の命を奪われることもあります。実は明日は来ないかもしれないという世界に住んでいるという事実を突きつけられると、明日はこれをしよう、あれをしようと未来を想像（自己投企）できなくなります。自分がつくった未来の計画が、一切消え失せていくような感覚に陥ります。歴史的現実が、私の意識とは無関係に存在することは見通せますが、自分の明日を見通せないという人間知性の限界に愕然《がくぜん》としました。

なぜ、どうして、と考えても、自分が震災に遭遇したわけを説明できないのです。旧約聖書のヨブ記のヨブ（正しい人がなぜ苦しまなければならないのかという命題をテーマにした物語の主人公）のように、自分が受けた苦難の「わけ」と苦難の「意味」がわからないのです。ヨブが嘆いた人類普遍の「不条理」の感情こそが、震災が私に与えた文学的・哲学的苦悩でありました。しかし、その《不条理の感情》を抱えつつ、希望がなくても、目の前の子どもを放っておくわけにはいかなかったのです。
宮澤賢治の詩「雨ニモマケズ」には、次のような表現があります。

東ニ病気ノコドモアレバ
行ッテ看病シテヤリ
西ニツカレタ母アレバ
行ッテソノ稲ノ束ヲ負ヒ
南ニ死ニサウナ人アレバ
行ッテコハガラナクテモイヽトイヒ

宮澤賢治の「雨ニモマケズ」の思想を、教育者であり賢治研究者でもあった故・三上満さんは、「イッテの思想」と述べていますが、「震災で私の人生は狂ったと考える子にはなってほしくない」という一心で、私も子どもの傍らにイッテ、寄り添いました。
この「イッテの行為」で子どものケアに取り組んだ時に、逆に私が癒されたという事実。人間は人から必要とされれば、たとえ希望がなくても希望をつくり出すという事実。いや希望とは未来にあるのではなく、人に必要とされ人とつながって連帯し、足元から行動を起こす時にこそ、今この現在という瞬間に足元からつくり出すことができるという事実。私はこれを「人とつながり希望を紡ぐ」復興思想と名づけましたが、これこそが、私が震災から学んだ新しい人生の意味づけでした。

この意味づけに支えられながら、毎日与えられる命を生きています。そして、人間に襲いかかる苦難や死という厳粛な宿命は、いったい何のためにあるのか。それを自分が納得するまで探求することが、今後の私の知的な作業となりました。

例えば『ペスト』を書いたフランスの作家カミュのように、人間の地平にとどまりながら苦難と向き合って、自己意識の分裂に耐えながら人間的誠実さを追求し、生き抜くことは可能です。震災時に「トリアージ」（災害や事故の現場などで大勢の負傷者が発生した場合、重症度によって治療の順序を決めること。治療しても助かる見込みがない超重傷者は順位が後になる）を実行せざるを得なかった医師たちは、その実例でした。極限状態で自己意識の分裂に発狂寸前まで追い込まれながらも、人間にできることをできる範囲内で、最大限に誠実に実行したのでした。

あるいは超越性の世界に飛躍して、例えば神に出会って悟りを開き、そこから現実に往還して生きることも可能です。後者の場合、宮澤賢治の『銀河鉄道の夜』はそのテーマを扱っていると私は考えています。

『銀河鉄道の夜』を書いた宮澤賢治は、最愛の妹トシを亡くし、その悲嘆感情を乗り越えるために、この物語を書いたと一説にはいわれています。宮澤賢治が妹トシの死とどのように折り合いをつけたのか。人間の死をどのように解釈し、意味づけたのか。そして人間にとって本当の幸せとは何なのか。多くの謎がある作品ですが、愛する人の死を受け入れ、意味づけて、愛する人との《関係性の再構築》のために参考になります。

震災から七年が過ぎようとしていますが、私が抱える人間普遍の《不条理の感情》と向き合うために、まだまだやらねばならない作業があります。

被災者が抱く喪失感情は百人百様です。震災七年目に入っても震災とまだ向き合えない人もおれば、少しずつ向き合っている人もいます。震災と向き合っている被災者の折り合いのつけ方も人それぞれであり、一人ひとりに物語があります。震災とは被災者にとって、一生向き合っていかざるを得ないテーマです。

〔参考文献〕
辰濃哲郎著『海の見える病院——語れなかった「雄勝」の真実』医薬経済社、二〇一三年
宮沢賢治著『銀河鉄道の夜』新潮文庫、一九八九年
カミュ著『ペスト』新潮文庫、一九六九年

第5章　石巻市雄勝町の復興の歩み

1 「雄勝花物語」の歩み

これまで述べてきたように、震災直後の二〇一一年から学校では《復興教育》の実践を構築しながら、同時に、地域では「雄勝《おがつ》地区震災復興まちづくり協議会」の一員として、地域復興を担ってきましたが、震災三年目は持病が悪化して丸々一年間病気休暇に入り、そのまま二〇一四年三月に定年退職となりました。

しかし、定年退職後はゆっくり休む暇もなく、二〇一四年四月に会社を設立しました。子どもが成人後に地域復興に《社会参加》するためには、地域に受け皿となる会社が必要になります。しかもその会社とは、自社利益を追求することよりも企業の社会的責任（ＣＳＲ）を自覚し、「ソーシャルビジネス」（社会的課題をビジネスの手法で解決していく活動）のような活動を行う会社であります。しかし、そんな夢物語の会社が地域にあるはずがありません。なければ自分でつくるしかないと思い立ったわけです。

私は入院中でしたが、病室で会社設立のノウハウを一から学びました。資金調達は公的起業助成金と民間助成金を申請し、定年退職に合わせて、非営利型の一般社団法人「雄勝花物語」

（http://ogatsu-flowerstory.com/）を立ち上げることができました。活動拠点は「雄勝ローズファクトリーガーデン」です。代表理事は妻です。

経営方針は、「地域復興に貢献する会社経営と復興の後継者の育成」です。事業内容は次の三部門です。「支援部門」は、「被災地緑化支援、ローズガーデンの無料開放、被災者支援のコンサート」です。「教育部門」は、「防災教育・震災学習・ＥＳＤ（持続可能な開発のための教育）、ボランティアの受け入れ」を行って、震災の教訓を国内外に発信しています。「事業部門」は、「ハーブとエディブルフラワーの販売、押し花体験教室」です。今後はジャム加工場とカフェを建設する予定です。

現在はまだ助成金頼みの運営ですが、将来的には後述する「北限のオリーブ」の「六次産業化」によって若者の雇用創出を目指しています。

私にとってこの会社設立の意味は、雄勝地域の復興の主体になることであり、雄勝地域との《関係性を再構築》することで、自らを癒《いや》し、自己再生することを意味します。さらに持続可能なまちづくりという大きな目的と生きがいを持つことを意味しました。一方、代表理事の妻にとっては、人がいなくなった雄勝中心部に、被災者が「失った人や失ったものとつながる場」（妻の言葉）をつくりたいという願いの実現でした。妻は被災者がつながるガーデンを造ることで、故郷との《関係性を再構築》し、震災と折り合いをつけようとしたのでありました。

このような妻の思いと私の思いが重なって、会社の設立に至ったわけであります。

「雄勝花物語」のローズファクトリーガーデン。石巻市街地から雄勝町に向かうとちょうど同町の入り口にあたる場所にある（2017年4月）

この復興事業には強力な支援者が二人います。一人は、「花と緑の力で3・11プロジェクトみやぎ委員会」代表の鎌田秀夫さんです。NHK（Eテレ）の「趣味の園芸」の講師もされている全国的に著名なガーデナーで造園家です。二人目は都市景観やまちづくりの条例化を専門とする千葉大学園芸学部准教授の秋田典子先生と秋田研究室の皆さんです。秋田先生と研究室の皆さんは二〇一一年から被災地支援で来園し、二〇一七年現在で延べ四〇〇人によって、植栽を担ってくれています。

お二人の支援の下、二〇一一年夏から妻が実家の跡地に造った花畑は、二〇一二年に「メドウガーデン」に姿を変え、二〇一三年はガーデニング誌『ＢＩＳＥＳ』「３・11ガーデンチャリティ」の助成を受けて、「雄勝ローズファクトリーガーデン」に生まれ変わりました。この造成作業では、五〇〇〇人のボランティアの皆さんの協力をいただきました。また二〇一七年現在、復興道路の建設に伴うガーデンの移転作業を行っていますが、鎌田秀夫さんと秋田典子先生と研究室の皆さんに大きな支援をいただいています。

このように「雄勝花物語」は、妻が母の供養のために植えた一輪の花に住民がつながり、〝花と緑の力で〟を合言葉に支援者がつながり、全国からやってくる年間一〇〇〇人のボランティアがつながって新たな物語が進行中です。私の被災体験から生まれた《人とつながり希望を紡ぐ》という復興思想は、「雄勝花物語」の歩みでも実証されています。

石巻市北限オリーブ研究会

さらに「雄勝花物語」のつながりは広がっていきました。石巻観光協会から支援を受けて小豆島のオリーブ農家の指導の下、二〇一四年から「北限のオリーブ」を試験栽培してきました。三回の冬越しと花芽の開花を確認できましたので、石巻市でもオリーブの栽培が可能と判断しました。この私たちの取り組みに石巻市役所が着目し、官民産学共同の「石巻市北限オリーブ研究会」が立ち上がったのでした。二〇一七年一月のことです。

オリーブの苗を見つめる著者
（2017年4月）

事業目標は、「石巻市の北限のオリーブの六次産業化及び観光産業を目指す」ことです。私たちの団体を含めて市内の農業法人など四団体で構成しています。そして、二〇一七年四月に石巻市内に三六〇本を定植し、そのうち一一〇本を「雄勝花物語」が管理する土地に定植しました。最終的には石巻市全体で二〇〇〇本を植栽する予定です。

三年後に本格的にオリーブの実を収穫して採油し、オリーブオイルを販売する計画です。東京オリンピックではこのオリーブの葉で作った冠を提供する話も持ち上がっており、被災地の復興を世界に発信するチャンスととらえています。このように石巻市役所までつながる官民連携事業に発展するとは、当初は全く想像できないことでした。《人とつながり希望を紡ぐ》という復興思想は、ここでも実証されています。

雄勝ガーデンパーク構想

雄勝町では官民連携事業がもう一つ始まっています。石巻市役所雄勝総合支所（二〇〇五年に石巻市と合併した旧雄勝町の役場は「雄勝総合支所」と改称されました）は、津波浸水のために「災害危険区域」に指定された中心部の低平地の利活用として、当初企業誘致をもくろんでいました。しかし、震災から六年を過ぎても進出する企業は皆無で企業誘致は絶望的となりました。一件の企業進出がありましたが、資金繰りが悪化して施設の建設が途中でストップしています。

そこで雄勝総合支所はそれまでの企業誘致型の復興方針から転換し、住民の復興活動を後押しする方針を立案しました。いわば企業誘致型の復興策から、住民によるボトムアップ型の復興策に転換したわけです。それが「雄勝ガーデンパーク構想」です。

雄勝総合支所が立案したこの構想の中心施設は、私たちの団体が運営する「雄勝ローズファクトリーガーデン」です。このガーデンの周辺に市民管理の貸農園、パークゴルフ場、子ども広場、ラベンダー園、オリーブ並木などの施設等を造る計画となっており、二〇一七年六月の石巻市議会で正式に承認されました。

こうして私たちの団体と雄勝総合支所との連携が実現したのです。「復興事業の主役はあくまでも住民の皆さん！　行政は後押しする立場」（雄勝総合支所長・佐々木正文氏）。この言葉が私たち住民を勇気づけてくれています。「雄勝ガーデンパーク構想」のテーマと基本理念はこうです。

。テーマ……「花と緑のあふれる美しい空間で来訪者をあたたかく迎え、誰もが心地よくゆったりと過ごせる癒《いや》しの空間」。

。基本理念（概略）……「雄勝ガーデンパーク構想の対象となる雄勝の旧中心部は、雄勝の玄関口として来訪者を迎える重要な場所です。これから多くの方に雄勝に立ち寄って頂き、雄勝に帰ってくる人を温かく迎えるために、雄勝の玄関口にあたる当該エリアは、他の多くの低平地のように都市的あるいは工業的な空間を形成するのではなく、雄勝らしい田舎らしさを引き継ぎつつ、花と緑に彩られた美しい空間で、誰もが『ほっ』とした気持ちで心地よくゆったりと過ごすことができる癒しの場を形成することとします」。

。基本方針……(1)花と緑をベースとする美しい空間を形成する。(2)緑の新しい産業を育成する。(3)緑という枠組みの中で柔軟性のある土地利用を可能とする。(4)住民等によるボトムアップ型の取り組みをベースとする。(5)緑による復興まちづくりを積極的に発信する。

「雄勝ガーデンパーク構想」は、雄勝総合支所長の佐々木正文氏と千葉大学園芸学部の秋田典子先生の尽力によるものですが、実は二〇一一年度に雄勝小学校の六年生が立案した「復興まちづくりプラン」（第2章参照）と類似していることに驚かされます。子どもが立案したテーマは、「雄勝に一日いても退屈することなく、雄勝の自然を感じることができる町」でありました。六年前に子どもが考えた復興プランは、こうして大人に引き継がれて実現の運びとなったのです。ただし後述する九・七メートルの巨大防潮堤（建設中）を除いてでありますが。

このように「雄勝花物語」は行政ともつながって広がり、《人とつながり希望を紡ぐ》復興事業が進展中です。今後の活動は新ガーデンに交流人口を呼び込むとともに、雄勝総合支所が建設する「早期事業化エリア」（後述）と連携したり、町内に点在する活動団体、例えば「モリウミアス」、「ナミイタラボ」、あるいは車で五分の「旧大川小学校校舎（市の震災遺構に決定）」を線で結んだりしながら、交流人口を増やす方策を構築していく予定です。

2　町の復興の現状と課題

「この災害復興は失敗である」「津波被災地では、長大な沿岸に巨大防潮堤が延々と築かれている。だがこのまま建設をつづけても、その背後に住む人はほとんどいない、そういう事態を招きつつある……（中略）……復興事業が――正確には復興の前提となる防災事業が――復興の大きな障害になってしまった」（山下祐介著『「復興」が奪う地域の未来』岩波書店、二〇一七年、二三三～二三四ページより）

これは、社会学者・山下祐介氏（首都大学東京准教授）の衝撃的な言葉です。石巻市雄勝町中心部で実際に起きている現実が、ここには記されているからです。

石巻市雄勝町の人口は、震災前四三〇〇人から震災後は一〇〇〇人程度に激減しました。減少率は七五パーセントに上り、石巻市で最大の人口減少地域になっています。特に雄勝中心部に至っては、震災前人口一六三〇人が、現在一〇〇人程度までに激減しています。実に九〇パーセント以上の住民が転出したことになります。「高台移転」事業が人口流出を招いたことは確かですが、しかし、雄勝の人口流出はそれだけでは説明できないのです。

なぜこのような大量の人口流出が起きたのか。そして、この復興は成功したといえるのか。あるいは山下祐介氏が述べるように、「この災害復興は失敗である」のか。雄勝中心部の復興の経過を述べながら、一住民の視点から検証してみます。

高台移転問題の検証

震災直後の二〇一一年五月、雄勝町住民は石巻市内では最速で「雄勝地区震災復興まちづくり協議会（以下、まちづくり協議会）」を立ち上げて復興に取り掛かりました。「まちづくり協議会」の要望を受けた石巻市役所雄勝総合支所は、国と宮城県の方針に従って、「高台移転ありき」で復興案を立案しました。この「高台移転」案に対して、現地再建を望んだ一部中心部住民は「雄勝地区を考える会」を結成して反対し、嵩上《かさあ》げの対案を提案しました。しかし、中心部の各地区の住民総会では、圧倒的な賛成多数で「高台移転」が採決されたのでした。

ところが、奇妙なことに「高台移転」に賛成した大多数の住民は、雄勝の高台移転地に自宅を再建する住民ではなくて、雄勝を出ていく住民だったのです。津波で流された自宅跡地を石巻市に買い上げてもらって、より便利な石巻市中心部に近い場所に自宅再建を行うためでした。こうして人口の大量流出が起こったのでした。

ここで疑問が生じます。なぜ「高台移転」に賛成した圧倒的多数の中心部住民が、雄勝の高台には自宅を再建せずに、雄勝を出ていく決断をしたかです。私は次のように考えています。結論からいえば、雄勝に「生業《なりわい》」を持つ漁師さん以外は、雄勝の高台移転地に自宅を再建する理由がなかったからです。

中心部の大多数の勤労者は、町外の仕事先に車で通勤するサラリーマンでした。現役世代のサラリーマンにとって、通勤や我が子の高校通学に不便な雄勝町にあえて自宅を再建する必要はなかったのです。より便利な石巻市中心部に近い場所に自宅を再建する道を選んだのでした。

では商店主の場合はどうでしょうか。中心部は商店街が連なっていましたが、商店主にとって町の壊滅と人口流出は大きな痛手となり、商売が成り立たなくなりました。やむなく町外で再開したり廃業したりして、雄勝から出ていったわけです。このように商店主にとっても、雄勝は「生業」の再建が非常に困難な地域であったのです。

被災者の第一の欲求は、食べていける「生業」の再建です。サラリーマン世帯や商店主にとって、雄勝はもはや「生業」の場ではなくなったのです。

かつて漁業で栄えた雄勝町は、二百カイリ時代に入って遠洋漁業が急速に衰えて、漁師さんの多くは陸の仕事を求めて雄勝町から出て行きました。こうして過疎化が始まりました。さらに一九八五（昭和六〇）年に開通した釜谷《かまや》トンネルは交通の便をよくした反面、雄勝から町外に通うサラリーマンを増やすとともに、町外での買い物を増やすことになり、中心部の商店街の衰退に拍車をかけることになりました。そこに東日本大震災が襲ったのです。

サラリーマン世帯や商店主の町外流出は、必然の結果でした。この人口流出は、国にとっても宮城県にとっても想定外だったことでしょう。雄勝町から人口が流出した最大の要因は、震災以前からの過疎化という「潜在的な衰退」をふまえず、住民の「生業」の再建という視点が欠落していた、国と宮城県の復興策にこそあったのです。

国の「中央防災会議」は「津波防災至上主義」で復興方針を策定しました。その方針を受けて宮城県は「災害に強いまちづくり宮城モデル」を策定し、三陸リアス式海岸沿いの集落では、「高台移転・職住分離・多重防御」による土木事業中心の「災害に強いまちづくり」を遂行してきました。しかし、住民は「安全なまちづくり」だけでは暮らしてはいけないのです。このまちで「生業」を再建し、自宅も再建して、食べていけるかどうかという「生活再建」こそが最大の復興課題なのです。国や県の復興策にはその点が欠落していたのです。土木事業による「災害に強いまちづくり」は、住民の「生活再建」の手段に過ぎないのです。

したがって、被災者の暮らしを再建するための復興策とは、被災者の「生活再建」を第一目標に据えなければなりません。「災害に強いまちづくり」はその次の話です。さらに長期的視点に立って、地域課題である「過疎化」対策と「持続可能なまちづくり」を目標とする復興策も組み込む必要があります。またこれは特殊な例ですが、雄勝町では高台に避難所となる施設や仮設住宅を建てる場所が少なく、震災直後に人口の流出が起きました。各自治体の実情に応じて、震災直後の人口流出の防止策も必要です。これが石巻市雄勝町の復興の現状から「未災地」へ発信できる「防災とまちづくり」に関する教訓です。

九・七メートル防潮提問題の検証

続いて第2章でもふれた「九・七メートルの防潮堤」について述べます。結論から述べますと、宮城県が進める防潮堤を前提とした「災害に強いまちづくり」は、私たち住民が願う「持続可能なまちづくり」にとって大きな障害になりました。巨大防潮堤は地域の自然環境を破壊

雄勝中心部に建設中の防潮堤（2017年12月）

して、雄勝町の持続可能性を奪ってしまうからです。

まず雄勝町の防潮堤についての経過です。雄勝総合支所は、当初は住民と共に九・七メートル防潮堤に反対の立場でした。防潮提に頼らない独自の復興案を住民団体の「まちづくり協議会」の要望で立案しました。防潮堤は原形復旧の高さ四・一メートルとし、半島部に点在する集落をぐるりとつなぐ嵩上げ道路（これが津波防災対策）を造る案でした。さらに低平地に「海の駅」と津波メモリアルホールを建設して観光客を呼び込み、地域資源の雄勝石および美しい雄勝湾の景観を生かした「持続可能なまちづくり」を目指す復興案でした。キャッチフレーズは「日本一美しい漁村雄勝」というものでした。この復興案を仮に「第一次復興計画案」と名付けます。

この時期の「まちづくり協議会」は、〝自分たちの町のことは自分たちで決めるんだ！　国や県に任せてたまるか〟という気概にみなぎっていました。復興とは住民が自治力を身につけて、復興の主体者になるプロセスであると実感しました。私の意識の中でも復興に参画することで自己再生（第4章）し、地域の未来像が見えてきて、それが展望となった時期でありました。

ところが、この「第一次復興計画案」は九・七メートルの防潮堤建設を求める宮城県に拒否されたために、妥協案として九・七メートル防潮堤を一部取り入れた「第二次復興計画案」を立案しました。そして、二〇一二年八月に住民説明会で提案しました。この「第二次復興計画案」には、二〇一一年度の雄勝小学校六年生の「復興まちづくりプラン」が一部採用されていました。しかし、この「第二次復興計画案」も防潮堤の全面建設を求める宮城県に拒否されました。

そこで復興の遅れを恐れた雄勝総合支所は、九・七メートル防潮堤を飲む苦渋の決断をしました。そして、「まちづくり協議会」の説得にかかりますが、副会長を担ってきた硯《すずり》職人の高橋頼雄さんは最後まで反対を貫いて、委員を辞職する事態となってしまいました。こうしてトップダウンの復興策は、住民の自治力を奪っていきました。二〇一三年一月のことです。

宮城県の圧力に屈した雄勝総合支所は、防潮堤を前提としたまちづくりを余儀なくされました。まず九・七メートル防潮堤の背後地の一区画を八・九メートルまで盛り土して、その上に商業施設を建てる「早期事業化エリア」を立案しました。造成後に上物《うわもの》が建設されて、早くて二〇二〇年四月に開業予定です。予定通りに工事が進んでも震災から九年後です。防潮堤を前提としたまちづくりは、膨大な時間と工費を要することがわかります。

二〇一四年八月、防潮堤建設によって町の持続可能性が奪われると考えた、私たち雄勝中心部住民有志は、「持続可能な雄勝をつくる住民の会（以下、住民の会）」を結成しました。〝こんなコンクリートの町をつくるために雄勝に残ったのではない！　ここに住む住民こそが町の将来を決めるのだ！〟という憤りとともに、強烈な《住民主権者意識》が生じてきたのでした。

まちづくりのテーマは、「豊かな自然と伝統文化を生かし、高齢者と若者がつくる持続可能な雄勝」であります。そして、住民との合意形成が曖昧《あいまい》な防潮堤は見直して、原形復旧すべきという「要望書」を二〇一五年六月に宮城県に提出しました。

「要望書」の内容は、「①巨額の事業費の大幅削減と工期の短縮ができて、復興を早めることができる『原形復旧』を要望する。②雄勝湾の生態系と漁業資源の保護および雄勝湾の美しい景観を観光資源として活用し、持続可能なまちづくりを行うために『原形復旧』を要望する」というものでした。そして宮城県と一年間にわたり、計八回の話し合いを持ちました。

話し合いでは「住民の会」から、防潮堤の見直し以外にも次のような要望を出しました。

国と宮城県が一方的に防潮堤の高さを決めて、住民に賛否を問う二者択一方式は、賛成派と反対派に住民分断を招くので見直すこと。住民説明会を開いて、その場で反対意見が出なければ合意成立と見なす手法も改めること。その代案として、住民との合意形成のルールづくりおよび計画段階からの住民参画、災害復旧事業でも環境アセスメントを実施すること。

しかし宮城県からは前向きな回答はなく、話し合いは終始平行線で物別れとなりました。そして宮城県は二〇一六年四月に防潮堤の建設を「住民の会」に伝え、同年九月から工事に着手しました。

こうして雄勝町中心部には、工費一三四億円（防潮堤と連結する河川堤防と橋梁の工費を含む）を投じて、高さ九・七メートルの防潮堤が建設されています。震災前の二・四倍の高さです。背後地には人は住むことはできません。守るべきものもほとんどありません。

他方で、防潮堤に中立な立場で署名活動（内容的には二択調査）を実施した方がいました。震災後に支援活動で雄勝地区に居住している大川砂由里さんです。「住民の本当の気持ちを知りたい」と考えて署名活動を行いました。選択肢の一つは、「計画の確実な実施」。もう一つは「見直しを求める」という二つの署名（内容的には二択調査）でした。二〇一七年春までに二七六人が署名してくれて、集計結果は「見直し」が二四〇人、「確実な実施」が三六人でした。実に八七パーセントの住民が「見直し」でした。大川さんはその後、二〇一七年五月に宮城県議会に「請願書」も提出されました。しかし、建設見直しは行われませんでした。「この災害復興は失敗である」という山下祐介氏の警告は、雄勝中心部において現実のものとなりつつあります。これが「創造的復興」の実態であります。

復興とは何か

三陸沿岸の住民にとって、復興とは何でしょうか。津波常襲地の三陸沿岸では、津波で集落が流されても、再び海の近くに暮らしてきた歴史があります。そして、命だけは助かるように「津波てんでんこ」の合言葉に象徴されるように、「減災思想」で海と折り合いをつけて、「海と共に生きる」という歴史を持っています。そこに人間の力で自然の猛威を封じ込めるという発想はありません。

私たち「住民の会」は、宮城県に提出した要望書に、次のように記載しました。「海と共に生きてきた住民にとって復興とは、海とつながった日常を取り戻すことであります。住居を再建し、海とつながった生業を再建し、人とのつながりという地域コミュニティーを回復することが、復興であります。この『人間性の復興』こそが真の復興であります。土木工事はその手段に過ぎません」。

現在、雄勝中心部において、巨大な防潮堤工事が進められていることが残念でなりません。自然災害で町を奪われた上に、今度は人災で町を壊されていくようで、たまらないつらさと憤りを感じます。客観的に見れば、山下祐介氏が述べるように、「この災害復興は失敗である」

といえるでしょう。しかし、そこに住んでいる住民の立場からいえば、失敗のままで終わらせるわけにはいかないのです。私たちは骨をうずめる覚悟で雄勝に残った住民です。愛する故郷・雄勝を消滅させるわけにはいかないのです。雄勝湾の豊かな自然と伝統文化を残し、日本の過疎地の再生モデルをつくりだし、次世代に引き継いでもらうこと。これが私たちの強い望みです。私たちは限られた可能性の中で最大限の努力を続けて、「持続可能なまちづくり」を進めていくつもりです。

3　学校と地域との新たな連携の構築

持続可能な地域づくりの展望

最後に、閉塞した地域再生の打開策について述べます。雄勝小学校での《復興教育》の実践と雄勝地域での復興活動から見えてきた教訓を提示します。結論からいえば、学校と地域との新しい連携の提案であり、地域づくりの新しい提案です。

震災後、二〇一一年六月から「まちづくり協議会」に参画しながら、私なりに雄勝町の復興と再生について考え続けてきました。そんな折り、出会ったのが、岡田知弘著『震災からの地域再生』（新日本出版社、二〇一二年）でした。

岡田知弘さんは住民の生活圏内に利益が落ちる六次産業化など、「地域内循環経済」の構築を提案しています。六次産業化とは第一次産業の生産、第二次産業の加工、第三次産業の販売（一次＋二次＋三次＝六次産業）までを生産者が担い、外部資本の儲《もう》けとはならずに、地域内に利益が落ちる経済システムのことです。その実現のためには、地域のことは住民自身が決めて実行する「地域住民主権」と、地域の「変革主体づくり」が不可欠だと述べています。

岡田知弘さんの「地域住民主権」と変革の「主体づくり」とは、私の《故郷を愛し、故郷を復興する社会参加の学力》を身につけた未来の主権者を育成する《復興教育》と一致するところがあります。これには大いに勇気づけられました。岡田知弘さんとの出会いによって、私がこれから提案する学校教育と地域の企業との連携の見通しが見えてきたのです。

これまで述べたように《復興教育》のねらいとは、地域復興の担い手を育てる地域学習を学校教育に取り入れて、《社会参加の学力》を育てることでした。しかし、学校教育の転換だけでは不十分です。地域に受け皿となる新しい会社が必要です。その新しい会社とは自社の利益のみを追求するのではなく、持続可能な地域づくりのために企業の社会的責任（corporate social responsibility）を自覚した経営方針の下、自社利益と地域づくりが「ウィン・ウィン」の関係となる会社です。

詳細は控えますが、震災後の南三陸町の企業の動きは参考になります。「ＦＳＣ®ＦＭ認証とＦＳＣ®ＣＯＣ加工流通過程の管理認証」を取得した木材会社、および「ＡＳＣ養殖場認証」を受けた養殖業者が、自然環境保護と両立させた持続可能な産業に取り組んでいます。この認証は、町が策定した「南三陸町バイオマス産業都市構想」の一環として取り組まれています。

さらにもう一つ。地域経済の構造を転換する必要があります。東京に本社がある企業に利益を持っていかれる産業構造を転換し、地域にお金が落ちて地域でお金が回る仕組みの経済構築が必要です。それこそが「地域内経済循環」（岡田知弘）の構築であります。この点でも「南三陸町バイオマス産業都市構想」は参考になります。

学校・住民・企業・行政の連携の構築

三陸海岸の津波被災地は、石巻市雄勝町に限らず、人口流出によって町の存続が危ぶまれています。津波災害は、過疎化を一〇年から二〇年前倒しで進行させてしまっています。この急激な人口減少という過疎化現象は、日本各地の未来の縮図でもあります。したがって、私が提案し実践した《復興教育》は、日本各地の地域再生にとって有効な教育論だと考えます。

震災からの復興を目指して活動している住民は、自分たちの町を残したいという願いを持っています。自分たちの努力を無にしないためには、復興を継いでくれる後継者を求めています。

それこそ学校との連携を求めている理由です。被災地の教師は、地域の震災復興を教材化しなくてはなりません。

例を挙げれば、住民が行政と交渉して合意を形成し、防潮堤を下げさせた気仙沼市の事例などは、《地域のことは地域住民が決めることができる》という住民自治（国民主権、幸福追求権、生存権、財産権など）を学ぶことができる絶好の生きた教材です。また、国や宮城県がトップダウンで下してきた「創造的復興論」と「高台移転・職住分離・多重防御」という大型公共事業が、いかに住民のまちづくりの願いに反しているることかを知る事例でもあります。国の政策に住民が対峙《たいじ》して住民自治を発揮し、防潮堤を原形復旧に引き下げた「森は海の恋人運動」で有名な気仙沼の舞根地区の事例など、生きた教材がたくさんあるのです。これらを教材化しない手はありません。

被災地以外の地方や都市部でも教材はたくさんあります。地域には、地域再生に取り組んでいる団体がたくさんあります。農業団体や商店街、地元の中小企業、林業団体、ＮＰＯ団体などです。それらの団体は地域を残すために学校との連携を求めています。今こそ教師はそれらの団体と連携して、そうした活動を教材化する新しい教育実践を切り開かねばなりません。

教師は積極的に地域に出ていき、子どもに地域再生のための《社会参加の学力》を育てていくべきです。地域再生に《社会参加する学力》は、国民主権の主人公を育てる教育への道を開く可能性を持っています。《社会参加の学力》は、権力を監視する「立憲主義」の思想を持った主権者を育てることにもつながります。これによって、選挙権が一八歳に引き下げられた現在、若者は自分たちの未来国家を選択する判断力を育てることができるのです。

グローバル経済競争に疑問を抱いて、地方志向の若者も増えてきています。その若者たちの動きとも連携が可能です。教師側による地域との連携行動と教育実践の積み重ねによって、地域再生を担う子どもを育てることは可能ではないでしょうか。地域から国の行く末を決める主権者を育てることは可能ではないでしょうか。《グローバル経済競争の人材育成教育》から《地域再生の主人公育成教育》への転換、その土台としての客観的条件は実は備わりつつあるのです。

もちろん学校だけの努力では地域再生は無理です。地域ぐるみの取り組みが必要となってきます。自治体首長や自治体職員、地域の中小企業や地域再生に取り組む商店街や農業団体、NPO団体などが一体となって、地域ぐるみで持続可能な地域づくりを目指さないといけません。前述の「南三陸町バイオマス産業都市構想」はその一例です。

そして何よりも、教育行政の最高責任者となった自治体首長が、地域再生を目指す住民の声をよく聞いて、「教育等の振興に関する施策の大綱」等に、地域再生に果たす学校教育の役割を明示すれば展望が開けてくるのではないでしょうか。

教育と経済をセットにした地域づくりの展望

二〇一七年二月、「これでいいのか！　学校統廃合・小中一貫教育、地域こわし」のテーマの下で開催された「学校統廃合と小中一貫教育を考える第七回全国交流集会（京都）」で、著者はレポート報告を行いました。

そこで私が訴えたことは、雄勝地域の事例を出して、「学校再建に成功しても地域に若者の雇用がなければ、いずれ児童数は減少し学校は休校になる。したがって若者の雇用を生み出す新規産業をつくり出すこと。教育と経済をセットにしたまちづくりの展望が必要だ」ということでした。あくまでも過疎地に限定していえることですが、仮に学校統廃合を阻止して地域に学校を残すことに成功しても、いずれ児童生徒数は減少していきます。地域に雇用の場がなければ、若者が帰ってくることはありません。したがって学校統廃合に抗《あらが》う対抗軸は、どのような地域づくりを行うのか、どのような持続可能な経済構造を構築するのかという経済の問題と教育を表裏一体で考えなければならないのです。これが石巻市雄勝地域で復興活動と学校再建運動を行ってきた一住民から見えてきた教訓です。

さて、紙幅が尽きてきました。そろそろ私の語りは終えたいと思います。

震災一年目から実践を行った雄勝小学校の《復興教育》は、教育課程の全面的な改訂にまでは到達できずに、私が勤務した二年間で終了しました。

二〇一七年八月に開校した現在の小中併設の雄勝小学校の「経営方針」には、《復興教育》の名残りを示す次のような項目が入っています。「⑸地域の特性を生かした協働教育・志教育の工夫と充実により、将来の震災復興を担う一員としての自覚と志を育む」。地域を学ぶ教育実践は現在の教師たちが工夫してつくっていくでしょう。雄勝小中学校の児童生徒には、地域を学びながら学ぶことと生きることが一致した真の学力を身につけて、雄勝ブランドの商品（雄勝石皿、海の食材など）を外国に売り込みに行くような行動力と発想力を身につけた、地域のためのグローバル後継者に育ってほしいです。

被災地で暮らすには、一般企業が求める能力よりもさらに高いスキルが必要です。被災地には就労の場はありません。被災地で暮らすためには、自ら新規の〝仕事をつくる〟能力が必要なのです。そのために、可能ならば大学まで行って高度な知識を習得するとともに、未知の課題に挑む開拓者精神と問題解決力を身につけることが必要です。そして、一度は石巻市から外に出て外部から自分の故郷を見つめ直し、雄勝地域に魅力を感じたならば帰ってくればいいのです。将来、子どもが雄勝地域を選んでくれるように魅力的な地域づくりを行うことが、現在、雄勝で復興活動を行っている私たち大人の責任となります。

私は地域から学校を支えていくと同時に、地域で雇用の受け皿となる「石巻市北限のオリーブ」を「六次化産業」まで成長させていくつもりです。日本の地域再生の経済モデルをつくり出すまで、あと一〇年は頑張るつもりです。

〔参考文献〕

山下祐介著『「復興」が奪う地域の未来』岩波書店、二〇一七年
福田徳三著『復興経済の原理及若干問題』関西学院大学出版会、二〇一二年（一九二四年刊の復刻）
「東日本大震災からの復興政策の改善についての提言」日本学術会議　社会学委員会・東日本大震災の被害構造と日本社会の再建の道を探る分科会、平成二六年（二〇一四年）九月二五日
岡田知弘著『震災からの地域再生』新日本出版社、二〇一二年
仲田陽一著『地域に根ざす学校づくり』本の泉社、二〇一六年

あとがき

震災から七年目に入り、ようやく本書を書き上げることができました。一〇〇〇年に一度の体験をくぐったのですから、これだけの時間が必要だったのだろうと考えます。ただし、考察がまだ不十分なところが多々あります。特に第4章では、「対象化」「意味づけ」「関係性の再構築」というキーワードで、私自身の回復体験を分析していますが、力不足でまだ十分には分析ができておりません。心のケアの専門家も含めて読者の皆さんに、ご教示とご批判を、寄せていただければ幸いです。

本書の実践を行ってまとめるに当たっては、多くの方のご支援をいただきました。私の実践を日本内外に広めて下さったみやぎ教育文化研究センターの千葉保夫先生に、心から御礼を申し上げます。

また本実践の授業参観と復興状況の視察のために、石巻市雄勝地区に合計一〇回以上も足を運んで下さり、また本書の解説を書いて下さった、和光大学の梅原利夫先生には、心から御礼を申し上げます。出版のタイミングが過ぎてしまい、私としては諦めておりましたが、梅原利夫先生の並々ならぬご尽力をいただいたおかげで出版できたことに、重ねて御礼を申し上げます。

また私が所属している文芸教育研究協議会の故・西郷竹彦会長には、生前に本実践の出版を勧められましたが、現職中に私が病気入院し、退職後は多忙のために出版が叶《かな》わなかったことをお詫び申し上げるとともに、西郷竹彦会長の墓前に出版のご報告をさせていただき、ご冥福《めいふく》をお祈り申し上げます。

そして、本書の刊行に当たっては、本書の内容と構成および表現方法について、こまやかで的確なご教示をいただいた新日本出版社の角田真己氏に心より感謝申し上げます。

最後に、教育実践サークル「明日見の会」を一緒に立ち上げた、私の無二の親友であった佐々木祐一さん（大川小学校で被災）と、雄勝町で亡くなられた方々のご冥福をお祈り申し上げます。

＊本書は下記の拙稿をもとに加筆・修正したものです。

「地域の復興なくして、学校の再生なしⅠ」『文芸教育』九五号（二〇一一年夏号）、新読書社

「地域の復興なくして、学校の再生なしⅡ」『文芸教育』九六号（二〇一一年冬号）、新読書社

「被災地で進む学校統廃合と住民運動」『大震災と子どもの貧困白書』かもがわ出版、二〇

一二年
「地域の復興なくして、学校の再生なしⅢ」『文芸教育』九七号（二〇一二年春号）、新読書社
「被災した学校の教育課題と教育課程づくり」『生活教育』二〇一一年一二月号、生活ジャーナル
「被災した学校の教育課題と教育課程づくり　そのⅡ」『生活教育』二〇一二年三月号、生活ジャーナル
「総合学習・震災体験を記録しよう」『生活教育』二〇一三年一二月号、生活ジャーナル連載「雄勝だより」第一～三二回『生活教育』二〇一二年四月号～二〇一五年二月号、生活ジャーナル
「被災地の復興を担う教育観への転換を」『クレスコ』二〇一二年三月号、大月書店
「地域復興に貢献する学校をつくる」『教育』二〇一二年一一月号、かもがわ出版
「被災地が求める教育とは《希望の教育》——その学力とは故郷を愛し、故郷を復興する社会参加の学力」『人間と教育』七三号、旬報社
「『震災体験の対象化』による被災児への《心のケア》の試み」（第二九回東書教育賞最優秀賞論文）東京書籍、二〇一三年
「『生存』の足場を創る試み」『「生存」の東北史』大月書店、二〇一三年

「地域の復興なくして学校の再生なしⅠ」、「地域の復興なくして学校の再生なしⅡ」『東日本大震災　教職員が語る子ども・いのち・未来』明石書店、二〇一二年
「地域復興を担う教育観の提案」『東日本大震災と家庭科』ドメス出版、二〇一四年
「震災後の子どもたちと学校」『教育と文化』七七号、二〇一四年、アドバンテージサーバー
「地域復興と学校教育との新たな連携を目指して」『生活教育』二〇一五年一〇月号、生活ジャーナル
「被災を受けとめ前を向く力を」『教育』二〇一七年三月号、かもがわ出版
「地域から『復興教育』へ」『経済』二〇一六年四月号、新日本出版社
「地域と連携し〈社会参加の学力〉を育てる」『歴史地理教育』二〇一六年三月号、歴史教育者協議会
「震災後を生きるために美術教育が果たした役割――共同木版画『希望の船』の制作を中心に」『美術の教室』一〇〇号、新しい絵の会
「被災を受けとめ前を向く力を―自らの回復体験から生まれた〈復興教育〉」『教育』二〇一七年三月号、かもがわ出版

解説――人間復興への四つの風景

和光大学教授　梅原利夫

二〇一一年の秋から雄勝《おがつ》に通わせていただいている。私にとって「おがつ」という響きは、「ＯＨガッツ」という掛けことばとともに、特別の意味を持ち続けるようになった。青い海とリアス式の沿岸風景、そこに暮らしている人々、各種イベントを機会に集まってくる元住民と支援者。復興はいつも現在進行形であるが、決して一路順調なのではない。むしろ月日がたつごとに、地域再生の新しい困難や挑戦課題がある。

本書は、被災した一つの地域に焦点をあて、子どもと住民の目線から人間復興を軸に、地域復興に取り組んできている挑戦の記録である。その中に徳水博志さんの存在もある。

風景一　「被災地ウォークinおがつ」に集う人間模様

「あの日」から六年目の二〇一七年三月初めの日曜日、私は雄勝地域で催された被災地ウォークの人波の中にいた。この行事には連続四回目の参加である。瓦礫《がれき》が片付けられ草が生い茂る壊滅した街並みを歩き、各所で「そこに生活していた住民」の何人かが「語り部」となって、「あの日」のことや流された人のことやそれからの日々を語って下さる。その声に耳を傾けるのだ。周囲に何もない道を歩く。「あの日」以前には、そこに街があった、生業《なりわい》があった、思い出の人々が生活していた。私たちは想像力を働かせて受けとめる。

これまで私の印象に残った方のいくつかの語りは、次のようなものであった。

全員犠牲となった雄勝病院の看護師（たまたま他病院に行っていて難を逃れた）が、亡くなった医師・看護師・職員のお名前を挙げて、それまでの仕事ぶりを語った。当時高校生だった現在の大学生は、家屋の屋根、次にその後に流れ着いた船上で渦巻く湾内を流され続け、一七時間後に奇跡的に助かった、その時の恐怖体験を静かに語る。当時小学校五年生で、語り時中学三年生の女子は、六年生の時、徳水さんらの指導で総合学習を学んだ人だ（本書第2章3）。「地域の人々によって私は生かされてきました」との語りが胸に響く。

現地に立って、確かにそこに人間の営みがあったことを確かめ合う。涙と苦労と笑顔が交差する。それぞれが鎮魂と復興への足取りを刻む瞬間である。日頃はバラバラに生活しているので、このような機会に一堂に会して「生かされている今」を確認し合えるのは、きわめて重要な時間帯である。

風景二　雄勝小学校の教室で学び合う子どもたち

私が初めて教室を訪ねたのは、二〇一一年一〇月の六年生による総合学習の授業参観の機会だった。硯《すずり》職人の高橋頼雄さんを教室に招いて、地場産業の復興の取り組みを学び、やがて子どもたちが描く「こんな雄勝にしたい」構想につながる過程だった。その時、私にはビンビンと響くものがあった。「あっ、ここに本物の学びと教育がある」。

教室といっても、壊滅的被害を受けた雄勝中心街から一五キロも離れた北上川上流の隣町にある、中学校二階の特別教室棟の数教室が、臨時の雄勝小学校なのだった。驚いたのは、多くの学年が一教室を二つに仕切った窮屈な空間で授業を余儀なくさせられていたことである。しかもその間仕切りは、段ボールの組み合わせによる応急の「紙壁」であった。算数の学習をしている隣では、音楽の授業でピアノが流れるといった劣悪な条件にあった。

二〇一一年度の六年生は、総合学習を中心とした「子ども版復興プランづくり」の実践。二〇一二年度の五年生は、徳水さんは学級担任として関わる。私はこの年は、九月中旬から、節目ごとに「あの日」の学習につき合わせていただいた。この一年間の学びの記録は、幸いに映像記録に残されている。

この二年間に凝縮された教育実践は、初発の動機や導入は確かに雄勝小学校の個別の事情から出発しているが、底を流れている原理・原則は、実践当時から今日にかけての日本の教育改革一般に通用する普遍的なものである。そのことを読み取ることが重要である。

第一に、被災直後の六月に提案された学校経営と教育課程計画に注目したい。たしかに一人の教師の手を通して提案され学校レベルで合意されたものであるが、ここに、この時点での被災地における「子どもと学校現場からの教育復興計画」の理念と構想が示されている。日本での先駆的な提案の一つであるといえよう。

それは目の前にいる子どもの実態のリアルな把握から始まり、地域の復興の取り組み（暮らし、生産、経済）と教室での学びとが相互に往復し、学習することが日々を生きることと結びついていた。その発想は決してゼロからの創造ではない。それまでも支配的であったテストによる「学力向上」政策への、批判的立場があってのことだった。

被災地では一方では、学習の遅れを取り戻し、一日でも早く「学力向上」に取り組むことが「正常化」の道であるという捉え方が根強かった。しかし他方では、こんな非常事態だからこそ、教育の原点に立ち返ろう、子ども観・学力観・学校観を変えようという流れもあり、それが雄勝小では前面に出たのだった。

第二に、初めは地域の行事への参加、次には総合的な地域学習、そして教科を含む学習の成果が住民に還元されるたびに、復興に立ち上がろうとする人々に共感と勇気を呼び起こした。子どもたちが真摯《しんし》に学ぶ姿は、大人たちを奮い立たせるという相乗効果をもたらした。

第三に、心の傷や揺れについて、専門家の援助を得ながらケアの実践に取り組んだことである。教室にいて子どもの揺れは私にも感じられた。被災後二年目の秋からその実践に本格的に取り組んだことは、きわめて重要な決断だった。その実践に、多様な教育・医療・心理関係者が関わったことは教訓的である。

第四に、子どもの学習過程から、様々な作品が生み出されたことである。これらは、子どもたちが協同でつくり出した歴史的な遺産ともいうべきものである。私自身、この作品から何度も思考を巡らし、地域と教育の復興課題を考えさせられた。教育実践のダイナミズムとは、当人たちの思惑をも超えて、後に生きるための糧を生み出すものである。特に次の二作品は、小さな学校が生み出した大きな財産である。

二〇一一年度の学び合いでは、「震災復興まちづくりプラン」（本書七〇ページ）。二〇一二年度の学び合いでは、版画「希望の船」（同一五二〜一五三ページ）。

風景三　花に癒《いや》され花で結び合うガーデンハウスの存在

二〇一七年四月二日、ＮＨＫ総合テレビで「雄勝花物語」についての番組が四八分にわたって放映された。徳水利枝さんが、実家の跡地に、亡くされた母親を弔う一株の花を植えたところから始まり、やがて多くの人々のボランティアで花壇と集会所がつくられ、今はバラやハーブが咲き乱れるまでに拡大した活動の記録である。雄勝地域に入る主要な道路の交差点にあることもあって、訪問する人々が思わず「ほっとする居場所」になってきた。

驚くのは、それを地域復興の経済的基盤構想に位置づけて、法人を立ち上げ事業として展開してきたことである。それは、何年かごとに勤務地を移動させられていく学校教師の宿命を越えて、この地域に骨を埋めようと決意した徳水夫妻の根の張り方の表現である。ここに、生産、商業、サービスを網羅した地域循環経済の実験的構想を見る。被災地を生産点から復興しようという実現可能な夢構想である。

風景四　研究集会での発表場面、実践記録の発信、再会ごとの語り合い

徳水さんは、ご自身の体調に気づかいながらも、努めて実践の発表や講演活動にも力を注いできた。私は何度も聞かせていただいたが、そのたびに新しい取り組みの報告が反映しており、活動と思考が進展しているのに深い感銘を受けた。二人だけになると、雄勝の地域経済の振興やワイン造りの将来展望なども聞かせていただいた。雄勝に生業と開拓（フロンティア）の根を張らせようという「生の力」を感じた。

ある時期、徳水さんは用事で定期的に上京されていたことがあった。所用が終わり雄勝に帰られるまでの時間帯を見計らい、私がその場を訪ねたり、時には東京駅までの電車内で語り合いを積み重ねてきた。また教室を訪ねた時、被災地ウォークの折り、研究会での発表の機会などで、対話の時間を積み重ねてきた。お話をすればするほどに、徳水さんの魅力に取りつかれた。大震災で動揺し、それまでの認識の甘さを反省させられていた私には、不幸なできごとを通して得た「新しい友人」となった。

雄勝に関わる四つの風景を書いてきた。いずれにも徳水さんの存在が確かめられる。しかも、雄勝という個別特殊な地域の復興課題への挑戦であるにもかかわらず、よく見るとそれは、日

本列島のすべてで直面している、人間復興の普遍的な課題に通底していることに気づく。地域復興は、人間関係の新たな築き合いであり、子どもたちの学びに希望を紡ぐ営みであり、生業や就業の創出であり、癒しと生命力の発露の泉を掘り当てる、総合的な活動の所産なのである。日本列島の同時代に生きる私たちは、すべて自然大災害による「明日の被災当事者」であり、困難から復興へ向けて歩き出す地域再生の同志である。

本書は、そうしたメッセージを、生活と生産の小さな拠点から全国に発信している。「人とつながり希望を紡ぐ」人間復興の思想と挑戦の風景を、あらゆる地域に根づかせたい。

（二〇一八年一月記）

徳水博志（とくみず・ひろし）
1953年生まれ。元宮城県石巻市立雄勝小学校教員（定年退職）。
文芸教育研究協議会会員、新しい絵の会全国委員、日本子どもの版画研究会会員。
日本生活教育連盟全国委員、みやぎ教育文化研究センター会員。
元宮城教育大学非常勤講師。現在、東北工業大学非常勤講師。

著書に『森・川・海と人をつなぐ環境教育』（明治図書出版）、『「生存」の東北史』（大月書店）、『東日本大震災　教職員が語る子ども・命・未来』（明石書店）など。

震災《しんさい》と向《む》き合《あ》う子《こ》どもたち——心《こころ》のケアと地域《ちいき》づくりの記録《きろく》

2018年2月15日　初　版

著　者　徳　水　博　志
発行者　田　所　　稔

郵便番号　151-0051　東京都渋谷区千駄ヶ谷4-25-6
発行所　株式会社　新日本出版社
電話　03（3423）8402（営業）
03（3423）9323（編集）
info@shinnihon-net.co.jp
www.shinnihon-net.co.jp
振替番号　00130-0-13681

印刷　亨有堂印刷所　　製本　光陽メディア

落丁・乱丁がありましたらおとりかえいたします。

ISBN978-4-406-06192-6 C0036　Printed in Japan